静岡の城

研究成果が
解き明かす城の県史

加藤理文

掛川城二の丸御殿と復興天守

霧の高根城

天然の要塞二俣城と天竜川

高天神城堂の尾曲輪堀切

諏訪原城外堀

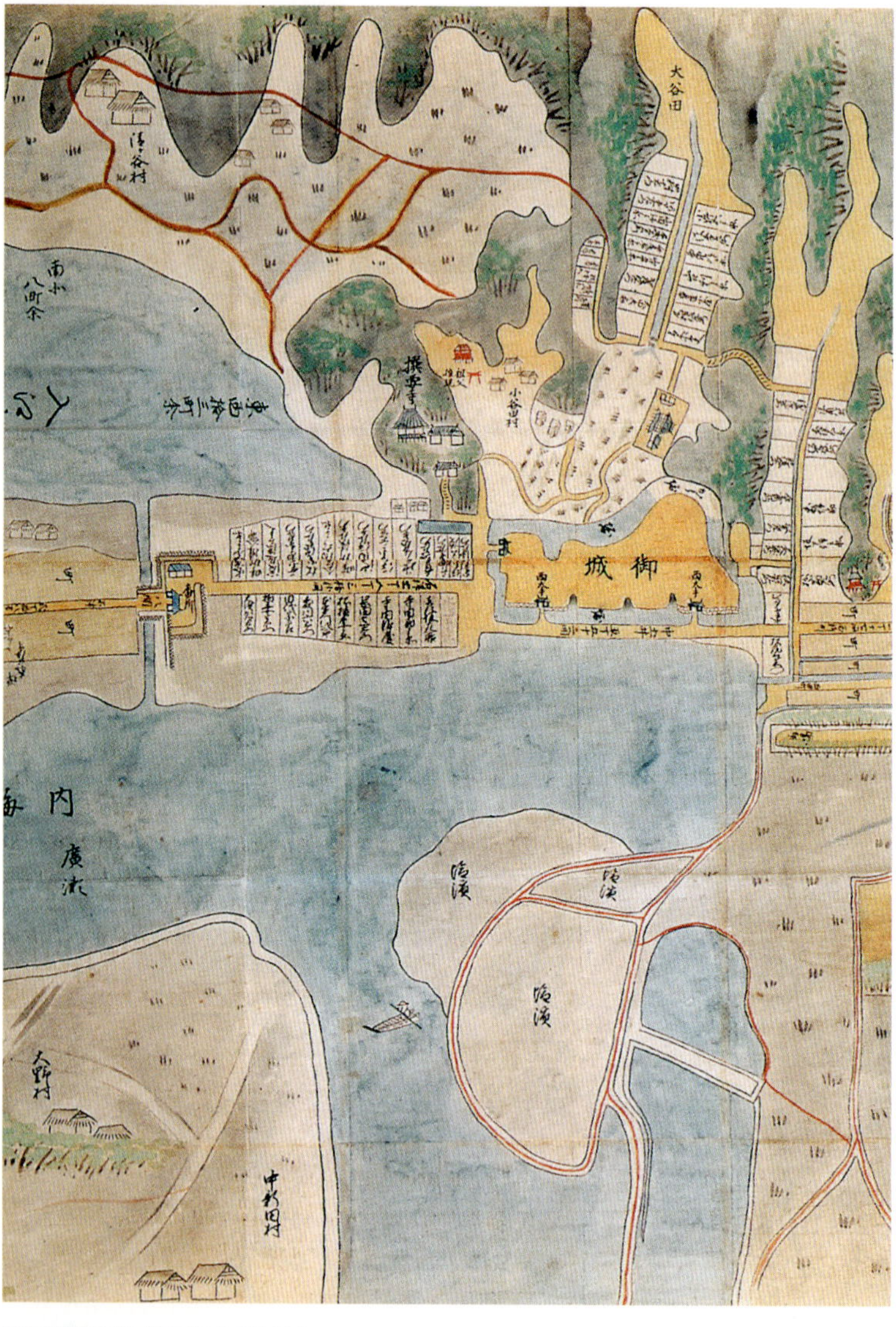

遠州横須賀惣絵図（個人蔵）部分

はじめに

静岡の城と言えば、駿府城か浜松城を思い浮かべる人が多いと思います。いずれも、徳川家康が居城として使用した城で、どちらの城跡にも徳川家康の銅像が建っています。江戸時代を通じて、静岡県内には譜代大名が配置され、例外を除けばごく短期間で城主が変わっています。今で言うなら、移動の多いサラリーマンの支店なのでしょうか。石高も、三万石～五万石前後で、大城郭を築き維持管理するにはほど遠いものでした。小さな城ながらも、天守を構え、多くの櫓や城門を備えていました。度重なる地震や台風という自然災害で壊れるたびに、修理を繰り返し明治維新まで存続した天守もあります。明治維新の荒波は、静岡の城に多くの被害を与えました。大政奉還を行った徳川慶喜は駿府に居を移し、その他の城も幕閣の重要なポストにある大名の城でした。城は、先を争うように払い下げられ、城地までもが次々と競売にかけられていきます。明治維新まで存続した全国の多くの城は、古写真や図面が残り、ある程度の姿が判明します。しかし、残念なことに、静岡県内の天守の古写真は一枚も存在しません。それどころか、櫓や城門の写真もない有様です。かつて、広大な規模を有した城が、市街化の波により、本丸などの主要部が残るだけとなりましたが、様々な調査や研究によって、少しずつ盛時の姿が判明してきました。本来の城の姿にせまってみたいと思います。

中世から戦国期の城跡は、かなり多くが旧状を留め残されています。領国内を東海道が横切る静岡は、戦国期に隣国からの浸入を度々受けました。東から後北条氏、北から武田氏、西から徳川氏という具合です。静岡を領国に加えた戦国大名は、領国の拠点とすべく城を築き上げています。また、他国からの浸入を防ぐために国境に城を配置しました。それぞれの戦国大名が、独自の技術で築いた城が県内には多く残されています。静岡は、遠江・駿河・伊豆の旧三国によって構成されています。後北条氏の城、武田氏の城、今川氏の城、徳川氏の城、そして全国統一を成し遂げた豊臣配下の武将たちが近世城郭を完成させました。ひとつの県内で、これ程特徴的な城が見られるのが、静岡の最大の魅力です。

本書は、最新の研究成果や発掘調査成果等を検討し、静岡県内の城の歴史を再検討しようというものです。従って、静岡県の歴史の流れ、いわゆる「通史」を中心に据え、城が歴史の中でどのような役割を担ったのか、文字資料だけでは明らかにできないそれらの城本来の姿が、どこまで解ってきたのかに迫ってみました。本書を読むことで静岡県内の城の姿が見えてくるはずです。

目次

静岡の城

―研究成果が解き明かす城の県史―

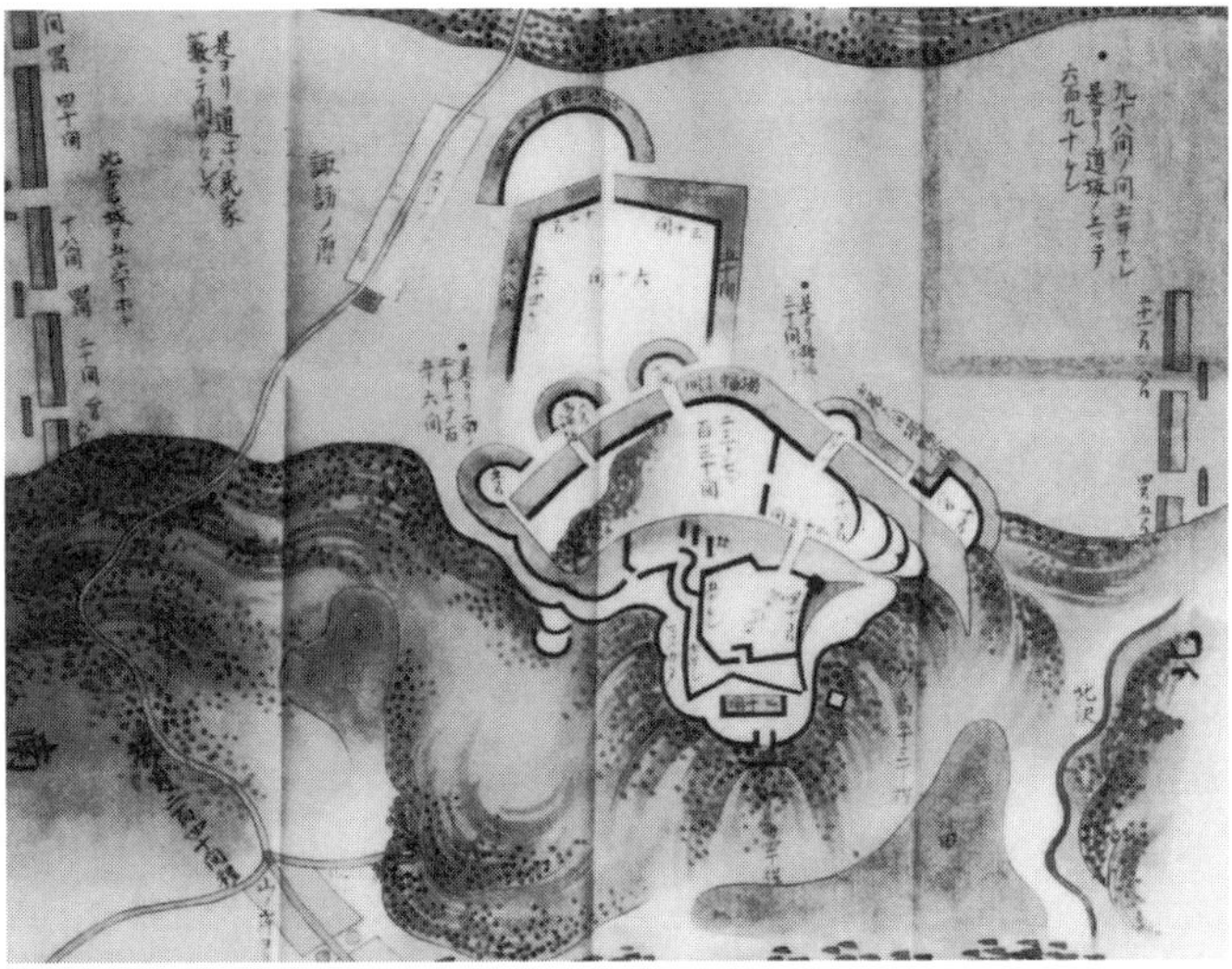

諸国古城之図　諏訪原城絵図（広島市立中央図書館蔵）

第一章
鎌倉・南北朝の城

井伊谷城跡より望んだ三岳城址

御家人の館

武士中心の軍事政権である鎌倉幕府の成立は、静岡での出来事が発端であった。治承四年（一一八〇）八月七日、蛭ヶ小島（伊豆の国市）に流されていた源頼朝が、平時忠の代官・山木兼隆の館に夜襲を仕掛けたのである。この時、頼朝側に加わっていた武士は、北条時政・工藤茂光・天野遠景・宇佐美祐茂《すけもち》・加藤景廉《かげかど》などの伊豆国出身者が多かった。手強い抵抗の末、夜明け近くに兼隆を討ち取り、平氏追討に向けた大きな一歩を踏み出したのである。

平氏打倒の道のりは険しく、石橋山合戦で惨敗し、頼朝は安房へと逃れた。三浦氏一族と合流することで危機を脱し、房総半島から南関東一帯の支配権を確立した後、鎌倉へ入りここを本拠と定めている。着々と勢力を拡大する頼朝に対し、平氏は平維盛《たいらのこれもり》を総大将とする遠征軍を派遣したが、富士川の戦いでは戦わずして逃走してしまった。以後、五年に亘り源平争乱の時代が続くが、当初から頼朝に従った前述の伊豆国の武士団の働きも目覚しいものであった。鎌倉幕府が成立すると、地方支配のために守護、地頭が置かれた。幕府から、守護・地頭に任じられたのは、幕府の下で将軍の従者として奉仕した御家人と呼ばれる武士たちである。守護は、大番催促（朝廷の警護役を御家人に督促、指揮すること）、謀反人の追捕、殺害人の追捕の大犯三ヵ条を中心とする職権を行使して、幕府の地方行政の要の役割を担った。地頭は、荘園・国衙領（公領）を管理支配するために設けられた役職で、荘園・公領の軍事・警察・徴税・行政をみて、直接土地や百姓などを管理するため、在地御家人の中から選ばれることが多かった。

在地領主としての性格を持つこととなった御家人たちは、地域支配権を維持・確立するための拠点として屋敷を構えた。御家人をはじめとする武士の居住した屋敷は、一般的に居館と総称されるが、堀ノ内・館・土居などとも呼ばれる。鎌倉時代の御家人の居館がそのままの形で残る例はないが、絵図や文書からその構造をうかがうことができる。館は、堀と土塁で囲まれ、中には主屋（母屋）と副屋を中心に、厩や倉、物置小屋や持仏堂などが設けられていた。館の正面には、見張所を兼ねた二階部分を持つ櫓門を構え、周囲は土塁が廻らされていた。土塁上には、頑丈な板塀を配したり、樹木を植えたりして目隠しとすることもあった。館の周囲を廻る堀は、防御施設でもあり、灌漑用水の役割を担うものでもあった。このように、周囲を堀と

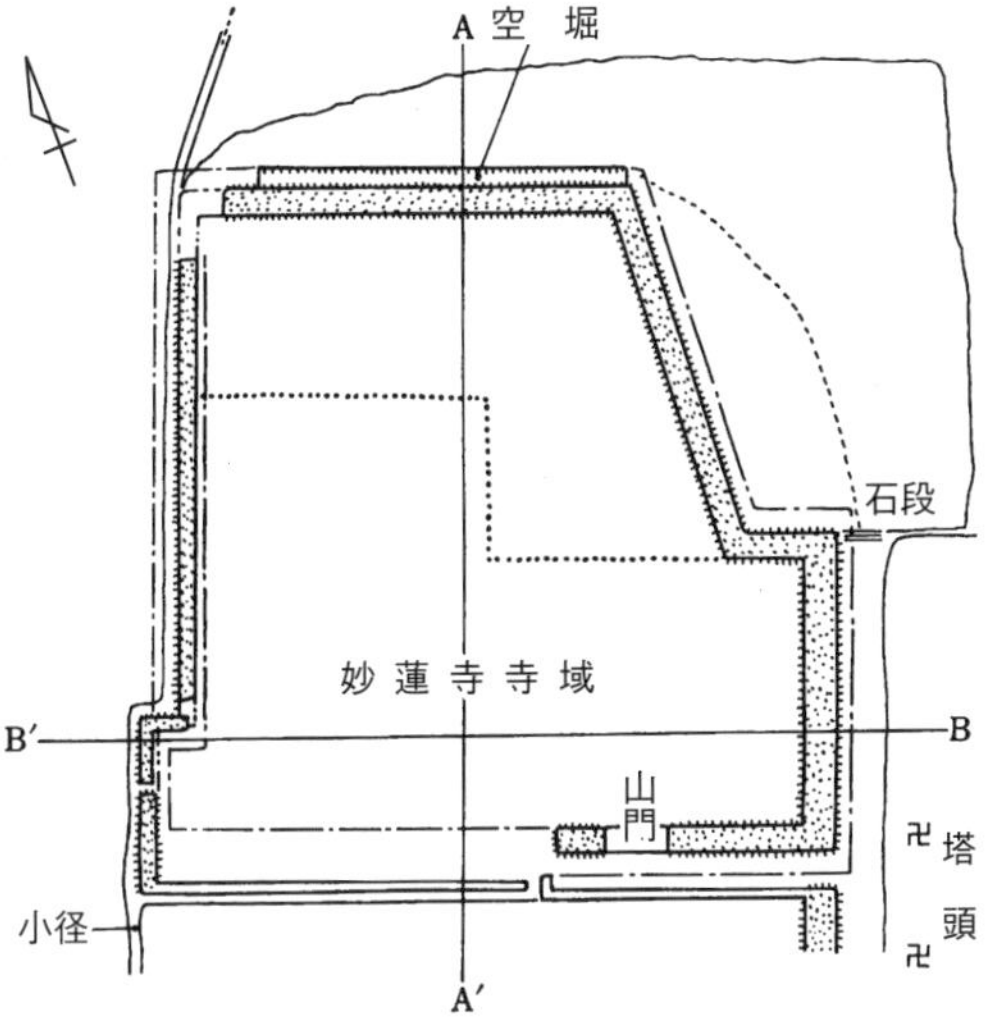

第１図　南条館概要図
（『日本城郭大系９』新人物往来社1979より転載）

土塁で囲まれた方形居館の一般的な広さは、一町四方程度（約一〇〇メートル四方）と考えられている。

静岡県内でこの時期の館と考えられているのは、南条氏の南条館（富士宮市）、内田氏の高田大屋敷（菊川市）がある。いずれも、鎌倉期の姿をそのままの形で留めているわけではなく、後世の改変はあるものの比較的旧状を伝えているということである。かつて仁田氏の仁田館（函南町）もこの時期の館跡と考えられていたが、隣接する来光川《らいこうがわ》の河川改修に伴い発掘調査が実施され、堀は畝を持つ畝堀、出土遺物は戦国から江戸初期と、この時期まで改修されつつ使用されていたことが判明した。約一二〇メートル四方の方形区画は鎌倉期のものを踏襲しているとも考えられるが、やや確実性に欠けると言わざるを得ない。

南条館は、ほとんど起伏のない平地に築かれているが、東に大堰川、西に猫沢川と二本の河川に挟まれている。正中元年（一三二四）、上野郷の地頭・南条時光が、妻の一周忌にあたり自らの居館を廃し、跡地に妙蓮寺を建てたという由緒が伝わる。寺域となったため、その境内地として現在までほぼ原型を保つこととなった。館は、東西約一二〇×南北約一三〇メートルの規模で、北側には高さ約八〇センチ程の土塁が残存、外側には幅約二メートルの堀が見られる。かつては四周に土塁と堀が廻っていた可能性が高い。高田大屋敷遺跡は、内田荘を治めた地頭・内田氏の居館跡と考えられており、その規模は南北約九三×東西約七〇メートルである。圃場整備に伴う発掘調査で、土塁の一部が鎌倉期に築造された可能性が指摘され、鎌倉期の地頭職の方形館と推定された。だが、中心域や周辺部の調査区では新しい時期の遺物も検出されており、鎌倉期の館がほぼそのままの形で残されているとは言い難い。結論は、今後の調査を待つ必要があろう。なお、土塁は四周を廻っていたと推定されるが、堀は北側を除く三方であった。

この他、現状では土塁や堀の一部のみ現存するだけであるが、地籍図等からおおよその大きさが想定される館も残る。入江一族の矢部氏居館・矢部館（静岡市）が東西約一二〇×南北約八〇メートル、鎌倉御家人の渋川氏の渋川館（静岡市）は東西約一五〇×南北一四〇メートル、荘園領主浅羽《あさば》氏の浅羽氏館（袋井市）は東西一〇〇×南北一三〇メートル、富士大宮司家に仕えた井出氏の井出館（富士宮市）は東西約一〇〇×南北一〇〇メートル、源頼朝に従った大森氏の大森館（裾野市）が東西約八〇×南北九〇メートルと、おおよそ一町四方程度（約一〇〇メートル四方）と、全国的な平均値を示している。

南北朝の戦い

元弘三年（一三三三）、執権北条氏一門が鎌倉で自害し、鎌倉幕府は滅亡、後醍醐天皇を頂点とする天皇親政が実現した。だが、新政権は武家の支持を得られず、北条一族の残党などは各地で蜂起を繰り返した。建武二年（一三三五）、北条高時の遺児時行を中心とする反乱・中先代の乱が勃発。北条氏旧領である信濃に潜伏していた時行が挙兵し、信濃から武蔵国へ入り鎌倉へ進軍する。時行軍は鎌倉将軍府の軍勢を撃破、鎌倉から出陣して時行軍を迎撃した足利直義をも破る。直義は尊氏の子の幼い足利義詮《よしあきら》や、後醍醐天皇の皇子成良《なりよし》親王らを連れて鎌倉を逃れるしかなかった。足利尊氏は後醍醐天皇の勅状を得ないまま出陣し直義と合流、遠江国橋本（湖西市）、小夜の中山（掛川市・島田市）、駿河国府、高橋・清見関《きよみがせき》（いずれも静岡市）で合戦に及んだ。敗走を重ねた時行軍は鎌倉を保つこと二〇日程度で逃亡してしまう。この戦いで足利軍に加わった今川氏は、頼国、範満《のりみつ》兄弟が奮戦するが共に戦死してしまう。乱を鎮圧した尊氏は、建武政権から離反し鎌倉に留まることとなった。

足利軍が反旗をひるがえすと、天皇はただちに新田義貞、北畠顕家らに尊氏追討を命ずる。戦いを躊躇する尊氏に代わり直義は、三河まで出兵するが戦局不利で後退、鷺坂《さぎさか》（匂坂）、見付《みつけ》（ともに磐田市）で破れ、手越河原《てごしかわら》（静岡市）の戦いでも敗退。今川範国が、足利直義に対し討死を思い止まって撤兵を勧めたとある『難太平記』の記載は、この合戦の折と考えられている。箱根・竹之下（小山町）の戦いには尊氏が参戦し勝利、伊豆国府奪回に成功。敗れた義貞軍は東海道を総崩れで敗走、兵を進めた尊氏は遂に入京を果たすことになる。ところが、天皇の命に応じ西上した北畠親房、顕家の大軍の前に敗れ、少数の部下とともに九州へと逃げるが、水軍を編成するなど勢力を立ち直し、楠木正成を湊川の戦いで敗死に追い込み、新田軍をも破り光厳上皇を奉じて再入京する。

建武三年（一三三六）、足利尊氏によって光明天皇が即位し、後醍醐前帝と和睦するが、前帝は京都を脱出。吉野山に赴き、光明天皇を否定して天皇位存続を主張、ここに京都と吉野に天皇が両立する南北朝時代が幕を開ける。同五年（暦応元年、延元三年、一三三八）、後醍醐天皇の要請を受けた北畠顕家が大軍を率い上洛、途中駿河守護石塔《いしどう》軍、遠江守護今川範国軍を破り、美濃へと侵攻する。尊氏は、美濃青野ヶ原に防衛線を敷きここで戦いが繰り広げられた。一度は敗れた範国であったが、軍を立て直し北畠軍の背後に迫った。これにより、北畠軍は伊勢へと進路を変更、尊氏は苦境を脱する。戦後、石塔氏は駿河守護を解任され、範国が駿河守護を兼ねることとなった。その後、遠江守護に仁木氏が任じられ、応永十二年（一四〇五）斯波《しば》氏世襲まで、目まぐるしく守護が代わることとなる。駿河守護は今川氏が世襲し、やがて戦国大名へと成長した。

遠江の内浜松荘・都田御厨《みやこだみくりや》は、南朝の廷臣西園寺公重・洞院実世《とういんさねよ》の所領であり、気賀荘も大覚寺統であった。さらに、井伊谷《いいのや》（浜松市）の在地領主井伊氏は、南朝方の有力な後ろ盾となっていた。延元三年（一三三八）、後醍醐天皇の皇子宗良《むねよし》親王は、再び遠江へと向かうために伊勢国大湊から出帆したが、嵐に遭遇し白羽の海岸に打ち上げられてしまう。そこから井伊谷に入り、三岳《みたけ》城（浜松市）を拠点とする井伊氏の庇護を受け、守護今川範国と対立する。同四年、高師泰が三岳城の東側の支城大平《おいだいら》城（浜松市）を攻撃、同時に高師兼が鴨江城を攻め、陥落させた。その後、千頭峯《せんどうがみね》城（浜松市）も落城、周辺所城が次々と落城し孤立した三岳城も翌年遂に高師泰、仁木義長の攻撃に耐えられなかった。唯一残った大平城も八ヵ月後に義長の手に落ち、遠江南朝勢力は一掃されてしまう。宗良親王は遠江での反抗をあきらめ、信濃へと落ちることとなった。

安倍城主郭に建つ石碑

親王は、信濃を経て越後・越中などを転々とし、康永二年（一三四三）頃、信濃大河原（長野県大鹿村）に居住。翌年には安倍城（静岡市）に入城するが、貞和元年（一三四五）には、再び信濃へ戻り、至徳二年（一三八五）大河原で薨去とも、井伊谷城で薨去したとも伝わる。一時親王が身を寄せた安倍城は、武者所結番まで務めた狩野貞長の居城であった。安倍城をめぐる最初の攻防は、暦応元年（延元三年、一三三八）のことで、今川範国が城を攻めた記録が残る。駿河守護職が動員をかけたにも関わらず、峻嶮な地形を活かし籠城戦で守り抜いている。宗良親王は二年程ここに居すが、今川方の攻撃を受け、安倍城から撤退したと思われる。南朝勢力は、遠江に次いで、駿河の平野部を失い、無双連山城砦群の徳山城（川根本町）、護応土《ごおうど》城（川根本町）、萩多和城（静岡市）など、山奥の城へと逃げ込むことになる。これらの城々を拠点とし、再び山深い山中に籠り反撃の機会を狙ったが、文和二年（一三五三）、今川範氏による総攻撃で落城。遠江についで、駿河南朝勢力も遂に掃討されてしまう。

箱根を挟んで相模と接する東駿北豆地域は、南北朝の合戦の舞台にはなったものの、駿河・遠江のように山城に籠って南朝方が徹底抗戦することは無かった。この時期の騒乱は、康安元年（一三六一）伊豆守護畠山国清が、鎌倉公方足利基氏と対立して起こった戦いである。鎌倉を追放された国清（出家し道誓《どうせい》と号す）は、修善寺に城（伊豆市）を築き、二人の弟のうち義深《よしとう》を金山城（伊豆の国市）、義熙は三津《みと》城（沼津市）に配し立て籠もった。将軍足利義詮の命により派遣された国人領主主体の軍勢は蹴散らしたが、基氏本軍の攻撃を支えきれず、金山・三津と落城、修善寺城に合流した畠山軍は、長期の籠城戦で抵抗したものの、多勢の前に兵糧・武器が尽き、翌年基氏の降伏勧告を受けて国清が投降し、十ヵ月に及んだ乱は終息している。

南北朝の城の姿

最も激しい攻防戦が繰り広げられた遠江の状況を見ておきたい。現在、鴨江城の跡は鴨江寺となっているが、南北朝期も寺であった。吉野へと逃れた後醍醐天皇は、密教勢力と結びつきを強めている。後醍醐天皇は、挙兵当初から笠置寺（京都府）を利用するなど、寺院勢力との関係が深かった。このため、各地に散在する山岳寺院を取り込んで城に再利用しての戦闘継続が、南朝方の主たる作戦行動ともなっていた。鴨江寺も、元弘三年（一三三三）に後醍醐天皇より寺領安堵の綸旨を受けており、南朝勢力の寺院だったのである。同様に、大平城からは、平安時代末～戦国期にかけての土器・陶磁器が出土しており、中でも寺院遺跡に特有な階層性の高い中国製

千頭峯城背後に連なる山々

陶磁器類の出土から、山岳寺院が存在した可能性は極めて高い。三岳城も、現在中腹に三岳神社が所在しているが、本曲輪から古瀬戸中期～後期の製品や常滑産の大甕の出土が見られ、中世段階に三岳神社に関わる施設の存在が推定される。現在の千頭峯城は、明らかに戦国期の遺構であり、南北朝期の城ではない。南北朝期の城は、周辺域のさらに高い山上部に比定するのが妥当であろう。現在の城跡の西側山中、標高二〇〇メートルの地点で、瓦塔を伴う伝真萱寺《まかやじ》跡が確認されており、周辺山頂部に中世山岳寺院の存在が確実である。千頭峯城もまた山岳寺院の再利用と言えよう。このように、遠江南朝勢力は中世山岳寺院を取り込んで城となし、北朝勢力に対抗していた。遠江南朝方は、密教系修験者の山道を利用し、これらの城々を山深い尾根道で結びつけネットワークを構築したと考えられる。宗良親王が、三岳城から大平城、そして信濃へと北朝方に見咎められることなく移動しているのも、山深い修験道を利用したためと思われ

第２図　遠江南朝勢力の城位置図

る。駿河の南朝方の拠点・安倍城は、安倍本城を中心にここから四方に延びる尾根上に城砦網を設けていた。本城の西尾根続きに久住《くずみ》砦、南に千代砦、羽島砦を、東に西ヶ谷砦、そして北側山麓の内牧城が平時の居館と考えられ、全山を巧みに利用していたのである。さらに、安倍城の西から南へ流れる藁科《わらしな》川沿いに小《こ》瀬戸《せと》城・水見色砦、東を流れる安倍川沿いに湯島城・松野城・津渡野城などが築かれ、安倍城を中心に周辺の山岳地帯全域に城砦が広がっていた。駿河南朝方も、遠江同様天嶮の山々に拠点を置き、状況に応じて移動を繰り返し、守護今川氏に対抗していたのであろう。

　畠山国清が築いた修善寺城は、東側を狩野川、西側を狩野川の支流桂川が流れる独立丘陵に位置している。急峻な斜面が至るところ

三岳城本曲輪からの眺望

に点在する天嶮で、北東から南西に延びる尾根筋上に拠点が置かれていたと考えられる。城の名前となった修善寺は、山麓西側に位置する古刹で蘭渓道隆《らいけいどうりゅう》も一時身を寄せている。国清が城を築いたとされるが、既存の山岳寺院を城の施設として再利用したと考えるのが妥当であろう。このように、南北朝期の城は山岳密教系の寺院を城として取り込んだ事例が極めて多かったのである。

それでは、現在これらの城跡はどうなっているのであろう。南北朝期の遺構が確認できるのかを含め外観しておきたい。大平城は、都田川の支流である灰木《はいのき》川の中流域北岸の標高約一〇四メートルの丘陵上に築かれ、南を流れる灰木川に沿って天竜・浜北方面から浜名湖北岸へと通じる街道が通過する交通の要衝地に位置する。最高所を中心に、東西に連なる尾根上と南北斜面に若干の曲輪を配し、南北に続く鞍部を通路として利用していたと推定。東西に各一ヵ所、北側に二ヵ所の堀切が見られ、ここを遮断線とし、内側が城内となる。いずれの曲輪も大規模な造成は確認できず、平坦部を利用したに過ぎない。堀切を含め、戦国期の改修が確実で、南北朝期

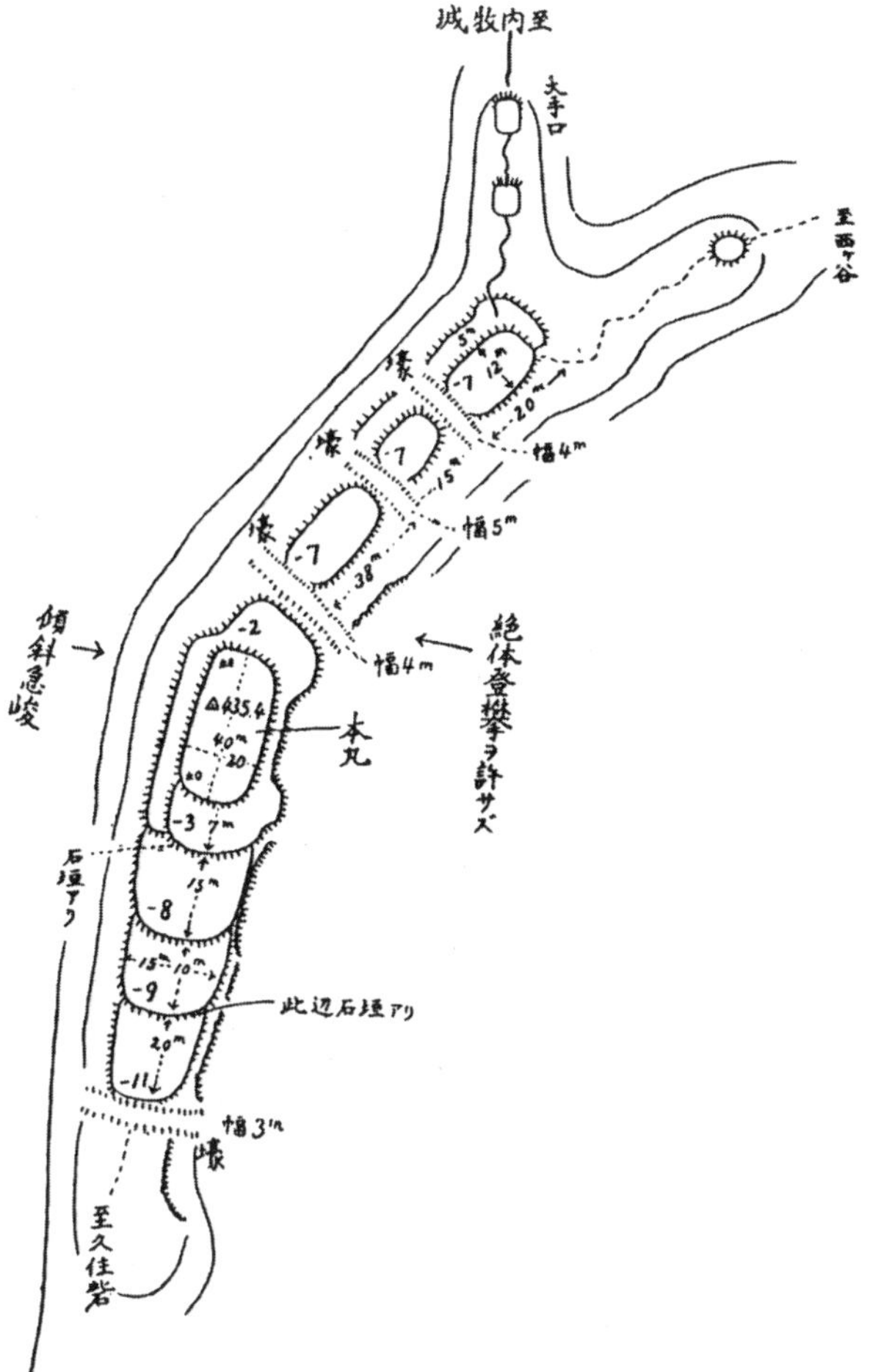

第３図　安倍城跡概要図(沼館愛三「安倍城の研究」『静岡懸郷土研究』第一輯より

の姿を探すことは困難である。この城が、最後まで徹底抗戦した城とするなら、天嶮に阻まれた要害と呼べる程の自然地形ではないため、何らかの防御機能を高める方策を用いていたとしか考えようがない。大規模な普請の痕跡が認められない以上、作事の工夫があったとしか考えようがないのが現状である。三岳城は、標高四六五メートルの山頂本曲輪を中心に、一段低い東に二の曲輪、鞍部を挟んで東尾根筋に東西に長い二段の東曲輪が認められる。本曲輪西斜面に二条の連続する堀切と土塁が、最東端に堀切とその外側に土塁が残る。大平城同様に、いずれも戦国期の遺構の可能性が高く。やはり南北朝期の姿は判然としない。三岳城本曲輪からの眺望は開け、西遠江一帯が一望される。さらに、大平城、千頭峯城背後の山々も眼下に見渡せる。この眺望こそが、ここに遠江南朝の拠点を置いた要因なのであろう。千頭峯城については、南北朝期の同城と現在の城とは全く別物で、南北朝期の城は現千頭峯城周辺域の山々の山頂部に位置し、三岳城と尾根筋で往来が可能な場所に位置する可能性が高い。

駿河を代表する安倍城は、標高四三五メートルの最高所を中心に尾根に沿って約二〇〇メートルの範囲に平坦地が見られる。主郭は、約三五×一五メートルの規模で、左右に階段状に削平地が見られる。また、一段下の小曲輪から東廻りで主郭へ入る虎口状の遺構も残る。堀切状の遺構は、南尾根を下がった箇所に一条、反対側の北側に二条と計三条が確認される。山頂部から南西二五〇メートル程下の中腹尾根上に削平地が残り、ここが久住砦となる。堀切や主郭の虎口状の遺構は、室町期の駿河内乱時か、さらに時代が下るかは判断できないが、南北朝期の遺構とは思えない。南北朝期の遺構は認められないが、主郭に至るまでの急峻な地形が、天嶮を取り込んだ南北朝期の姿を彷彿させる。

狩野川越しに見た修善寺城址

修善寺城は、標高二四八メートルの山頂部を中心に尾根筋にいくつもの曲輪が見られる。近代のテレビ中継局等の施設により、主郭は大きく改変を受けている。点在する小曲輪には、近世以降の宗教施設に伴うと推定される平坦地が見られる。天嶮を巧みに利用した構造は、県内いずれの地域にも見られる現象で、人工的に防御施設を築いた痕跡は認められない。土塁や堀切等は、戦国期以降の再利用による施設とするのが無難である。

現状の城跡から南北朝期の城跡の姿を特定することは困難である。だが、『太平記』等に記載されている合戦の記録から、ある程度の類推が可能である。南北朝の山城は、急峻な地形そのものが城であった。見晴らしを良くして攻撃を有利にするため樹木を伐採し、斜面に取り付く敵兵の隠所を奪った。軽微な小屋掛け程度の建物を建て、簡単な柵を結って拠点とし、寄せ手に対し、山上から矢雨だけでなく、巨石や巨木を投げ落とした。城は、最高所の一ヵ所だけでなく、派生する尾根筋に多くの拠点を置く集合体とし、危険が迫れば尾根筋上を退却し、尾根伝いの山中に姿をくらますのが常道であった。

遠江南朝の拠点は、いずれも山岳密教系寺院を城郭化したものと考えられる。奥山城(浜松市)は、現在の奥山方広寺の前身寺院を利用した城であり、三岳城も現在山腹に位置している三岳神社に関連する施設が山頂部にあったと考えられる。これらの寺院は、修験のための寺であるがゆえに自然の要害の地に建てられていた。城郭化にあたっては、伽藍(建物)や坊を利用し、常駐している皇室に近い僧や修験者の独自のネットワークをも利用できたのである。また、修験者が使用する山道はこの上ない隠れた移動ルートであった。南朝勢力が籠った城も、守護が籠った城も、いずれも天嶮をフルに利用することが、そこに城を構える最低条件であった。急峻な山岳地形をフルに利用し山に籠り、危険となれば隠れた山道を利用し安全な山へと移動を繰り返し反抗する。山へ籠ること自体が、南北朝の山城の特質そのものであった。一部、現在の鴨江寺の前身寺院を利用した平城も見られるが、これは寺院の城郭化によって、密教系寺院のネットワークを利用する南朝方の戦い方を示す事例であろう。

第二章
今川の城

大見城北東下より主郭を望む

斯波氏と今川氏

今川氏は、足利一門で三河国今川荘（愛知県西尾市）が発祥の地である。元弘・建武の争乱で、足利尊氏に従い各地を転戦し多くの犠牲者を出すが、生き残った五男範国が遠江守護に補任されている。範国は、遠江国府の所在地見付（磐田市）に守護所を置き、見付城とした。見付宿を南北に流れる中川を天然の堀とした方形居館で、永正期（一五〇四～二一）に堀越氏が南側に連続する形の見付端《みつけは》城を付設している。現在の大見寺《たいけんじ》が見付端城と推定され、ここに土塁の痕跡が確認できる。

元禄十一年（一六九八）作成の大見寺絵図が比較的旧状を伝えている。この絵図と磐田市が実施した昭和五六～六〇年（一九八一～八五）の発掘調査成果から、方形館を南北に連ねた姿が見えてくる。絵図北側の「古城二之丸」と記載されている場所が、範国の築いた守護所・見付城で、南側の方形館が堀越氏の築いた見付端城となる。両館は、堀を共有し連続するのではなく、南北にほぼ列をなすものの、全く別物として築かれている。端城は、中川を東側の堀として取り込み、西側の堀と見付城の南側の堀を接続させ、両館の中間点に緩衝地帯のような空間を設け、ここを曲輪として利用したと考えられる。発掘成果により堀幅は七～一二メートルとかなり大規模であったことが確実である。鎌倉時代からの伝統的な方形館ではあるが、二つの館を接続させ連続させることで、一城別郭のような形態を持つ強固な城として機能していたと推定されよう。

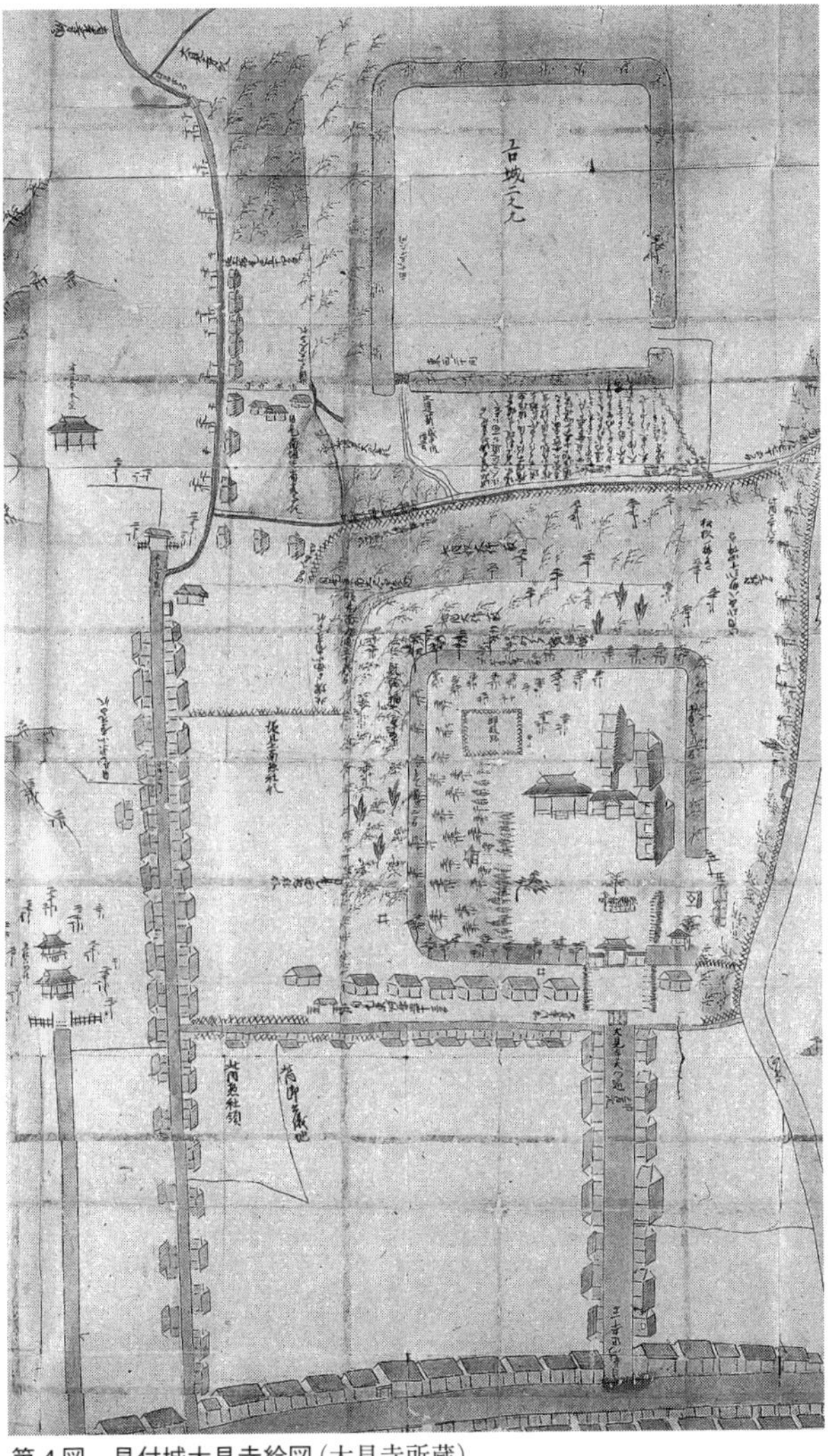

第４図　見付城大見寺絵図（大見寺所蔵）

範国が幕府から駿河守護職を与えられ遠江を去ると、遠江守護は、応永十二年（一四〇五）の斯波氏世襲までの約六〇年の間に、都合七人が短期間で次々と守護職に付いている。だが、この間に範国を始め、範氏、貞世、仲秋《なかあき》と守護職を勤めているため、今川氏支配が基本であったと思われる。やがて、遠江守護職は今川氏から斯波義重へと代わった。これにより斯波氏は、越前（福井県）・尾張（愛知県）と併せ三国の守護を兼ねることになる。そのため、斯波氏は在国しなかっただけでなく、守護代すら派遣していない。遠江は、守護も守護代も在国しない特異な国となった。斯波氏は、遠江の国人領主を傘下におさめてはいたが、支配するというより自由な立場を認めざるを得ない状況であった。横地氏と勝間田《かつまた》氏が東遠に、原氏と堀越氏が中遠に、狩野氏と大河内氏や井伊氏が西遠に、北遠には天野氏や奥山氏が国人領主として地域支配を行っていた。国人領主は土豪とは異なり、守護や守護大名の被官となり、城を築き、地侍たちを従え、領国を支配していた。土豪のほとんどが有力な名主層で農業経営から離れ切れていなかったが、国人領主は完全に農業経営から離れた存在となっている。ただ個々の所領は小さく、単独での力は弱かった。そこで、横地・勝間田連合とか天野・奥山連合のように国人領主同士が手を結ぶこともあった。

応仁元年（一四六七）、応仁・文明の乱が起こると、駿河守護今川義忠は上洛し、東軍に属した。翌年、細川勝元の要請を受け、西軍斯波義廉の遠江を攪乱すべく帰国。遠江へと進出し、斯波氏や斯波方の国人衆と戦っている。文明六年（一四七四）、義忠は同じ東軍に属する狩野宮内少輔を見付端城に攻め滅ぼしたため、同じ東軍の斯波義良《よしすけ》と対立してしまう。同八年、斯波氏に内通した横地氏と勝間田氏の城を囲んで両者を討ち取った。だが義忠は、凱旋途中に塩買坂（菊川市）で両氏残党の不意打ちに合い、流れ矢にあたって不慮の死を遂げてしまう。後に残されたのは、僅か六歳の龍王丸（後の氏親《うじちか》）で、今川氏による遠江奪還の目論見は水泡に帰してしまった。

応仁・文明の乱の際し、攻防の舞台となった国人衆の城とは、どんな城であったのだろう。東遠で勢力を保ち続けた横地・勝間田両氏の居城は、後世に改変を受けているものの、比較的旧状を留め応仁・文明期の姿が彷彿される。

横地城「東の城」主曲輪を見る

横地氏の居城・横地城（菊川市）は、牧之原台地の支脈から続く台地状の標高八〇～一〇〇メートルの丘陵山頂尾根上に東西四〇〇メートル、南北四六〇メートルに渡って築かれている。尾根の頂部を取り込み「東の城」・「西の城」・「中の城」と呼ばれる三つの郭で構成されており、それぞれが独立して機能する「一城別郭」の様相を呈している。城内最高所に位置する「東の城」が主城とされ、主曲輪（長辺約三〇メートル、短辺約一〇メートルの規模で南端に土塁が見られる）を中心に、小規模な曲輪がここから派生する尾根に沿って階段状に配されている。北側に幅約五メートルの堀切が確認されるため、東西の尾根筋上にも堀切があった可能性もあるが、農道によって削平されているため判然としない。「西の城」は、「東の城」と谷を挟んで対岸に位置し、西側からの侵入を阻んでいる。現在横地神社が鎮座する主曲輪（南北約四〇メートル、東西約五〜一五メートル）を中心に細尾根上や下段に小曲輪が展開している。南側に幅約六メートルの堀切と基底部で幅五メートルを測る土塁が設けられ、防御を強固にしている。南下段には長さ約九〇メートルで最大幅約三〇メートルの規模を持つ城内最大の曲輪・千畳敷が残り、この南下が大手口と想定されている。「中の城」は、東西の城を繋ぐ低い尾根筋上に位置し、尾根突端部の主曲輪には南側に低土塁、その下段に幅一メートル程の横堀が廻り、南に対する備えの曲輪が確実である。城の東南山麓谷筋には、居館・墓域・寺社・集落が広がっており、横地氏が居館を中心に計画的な配置の下、領地支配を展開していた様子が判明する。

横地氏と同族の勝間田氏の居城・勝間田城（牧之原市）は、勝間田の谷の最も奥まった無数の谷が入り込んだ丘陵上に築かれている。城域は、尾根筋の約三〇〇メートルにわたって広がり、標高約一三一メートルの南西端の最高所に本曲輪を置き、北に向って二の曲輪、三の曲輪と連なる構造である。本曲輪は、南北約二二メートル、東西一二メートルの規模で西側に幅広の土塁とその下側に堀切が残る。南側は堀切を挟んで南曲輪を配し、さらに三条の堀切で尾根筋を遮断、

勝間田城本曲輪

東側尾根筋は連続する五重の堀切が強固な防御施設となっていた。発掘調査により、尾根筋上の平坦部から建物跡が検出されており、番所または物見的用途を持つ施設と考えられる。北側には城内最大規模の幅約一〇メートルの大堀切を設け、北に向って二の曲輪・三の曲輪が配されている。二の曲輪は、東西約七〇メートル、南北約三〇メートルの規模で南東側の谷に落ち込む部分を除き土塁が廻っている。土塁が開口する東端と北端が虎口と推定される。発掘調査により、礎石建物を含む十数棟の建物跡が検出され、中心的居住空間の可能性が高まった。さらに北側の三の曲輪は、西側に西三の曲輪を伴い、かつては堀と土塁によって区画されていた。西三の曲輪からは建物跡、三の曲輪からは水場遺構、井戸跡などが確認され、居住空間であることが判明している。三の曲輪北下には土塁に沿って横堀が配され、さらに外側に土塁が見られる。東側尾根筋には二重堀切が残る。三の曲輪北東下の尾根筋が大手口と推定される。

両城共に明らかに元亀から天正年間の改修が認められる。従って現状の城が当時の城というわけではない。では、応仁・文明期の両城はどのような構造であったのだろう。共に、基本的な構造は旧態を留めており、そこに後世堀切や土塁を付設し、防備強化が図られたのである。居住域から奥まった谷地形上の尾根を利用しており、要害の地が城地に選択されてはいるが、南北朝期のように高い山ではない。小規模な曲輪が多く、土塁や堀切も認められるが、曲輪同様小規模である。出土遺物等から居住施設として利用されていたことが判明するが、有事に備えた詰として捉えられる。今川義忠は、両城を五〇〇騎で取り囲み落城させていることからも、大規模な防御施設の存在は考えにくい。要害地形を取り込みつつ、小規模な土塁や堀切を持つ城とするのが妥当である。

今川氏親と北条早雲

今川義忠の急死は、世継ぎをめぐる内部対立を生んだ。嫡男の龍王丸（後の氏親）がわずか六歳であったため、当主を補佐し政権を運営するのか、それとも成人した一門衆に家督を相続させるのかで一門や重臣達が分裂してしまう。この内紛に乗じて堀越公方と関東管領が介入し駿府に派兵している。隣国の軍事介入もあり、今川家は混乱を極めることとなった。この混乱を収めたのが、義忠の正室北川殿とその兄（弟とも）伊勢宗瑞《そうずい》（北条早雲、以下早雲とする）である。早雲は、龍王丸が成人するまで、一族の小鹿範満《おしかのりみつ》が後見人として家督代行を勤めるということで事態を収拾、幕府にも働きかけ足利義政から龍王丸相続の御教書を引き出すことに成功した。だが、範満は龍王丸元服後も家督を返上することなく政務を取り続けたため、遂に早雲が挙兵。長享元年（一四八七）、範満を自害に追い込み、ここに七代氏親政権が誕生した。早雲は、富士川以東の地を与えられ興国寺城《こうこくじ》（沼津市）を築き、ここを拠点に活躍することになる。

延徳三年（一四九一）、堀越公方足利政知死去に伴う後継争いが勃発し堀越公方の勢力弱体化を察した早雲は、明応二年（一四九三）氏親の援軍を得て伊豆韮山を急襲、伊豆奪取に成功し、やがて伊豆一国を支配下とした。同三年、早雲率いる今川軍が遠江へ侵入し、国人領主原氏の居城殿谷城《とんのや》（掛川市）を攻略。翌年、小田原城主大森藤頼より小田原城（神奈川県小田原市）裏山での鹿狩り許可を得ると、勢子に化けさせた兵で、裏山から一気に本城を奇襲し小田原城を支配下に置いた。韮山城、小田原城と次々と攻略に成功した早雲は「下克上」の代名詞となった。

氏親の遠江侵攻は、斯波氏に取って代わられた失地回復に他ならない。氏親は、伊豆・相模を支配する早雲と連携し、遠江から東三河へと進出してゆく。明応七年、再び遠江へ侵入、原要害（掛川市）を陥落させ、翌八年ついに国府のある中泉（磐田市）に到着した。徐々に遠江での支配権を確立する氏親に対し、守護斯波氏が反撃を開始。同九年、信濃の小笠原氏に援軍を要請し、翌文亀元年（一五〇一）二俣城（浜松市）に到着すると、斯波軍は一時的に見付を奪還する。だが、次第に今川軍が勢力を盛り返し、社山城《やしろやま》（磐田市）から斯波義雄を追い落とし、浜名湖に面した堀江城（浜松市）を落城させている。さらに、蔵王城（久野城、袋井市）、天方城《あまがた》（森町）、馬伏塚城《まむしづか》（袋井市）などでも攻防が繰り広げられ、今川軍は遠江ほぼ全域を制圧することに成功した。これが、氏親と斯波義達によるによる第一次対戦となった。

永正元年（一五〇四）、山内、扇谷両上杉氏の戦闘が勃発、これに古河公方が巻き込まれ、早雲・氏親までもが出兵を余儀なくされる。扇谷上杉氏に組した早雲・氏親軍は、立河原（東京都立川市）合戦で勝利した。東に対する備えを万全とした氏親は、遠江を越え三河へと進出。同三年、今橋城（愛知県豊橋市）を攻略し、牧野成時《しげとき》を城主とした。その後今橋城は、三河における今川氏最大の軍事拠点として機能することになる。同年、遠江に残る斯波氏勢力の一掃をねらい、二俣城攻めを敢行する。同五年、ついに念願の遠江守護に補任され、再び駿河・遠江二ヵ国支配を実現した。これに対し、同七年斯波氏が反撃を開始し、遠江へと侵入するが、その陣所「まきの寺」（月光山宝光庵）が焼かれてしまう。斯波軍は、陣を花平に移し、やがて三岳城へ入城する。この後、大河内氏、井伊氏の国人領主を中心に刑部《おさかべ》城（浜松市）、志津城（浜松市）で戦闘が繰り広げられていった。翌八年には、北条早雲が出陣。翌年、大河内氏が引間《ひくま》城（浜松市）を占拠するも、同十年に井伊氏の本城三岳城が落城、斯波義達は尾張へ退去している。この退去により、今川斯波第二次対戦がひとまず終息する。

永正十三年、氏親は甲斐武田氏の内紛に介入し、甲斐へと出陣する。この機とばかりに大河内貞綱は引間城を再占領し、斯波義達を迎え入れた。年が明けると、氏親は数万の大軍で引間城攻めを敢行、大河内貞綱は討死、義達は足利一門衆ということで助命されたが、普済寺《ふさいじ》（浜松市）

で剃髪のうえ、尾張に護送された。ここに氏親による遠江制圧が実現したのである。同年、早雲も新井城を攻略、三浦氏を滅ぼし、相模全土を制圧している。

両者が活躍した十五世紀末から十六世紀初頭にかけて、氏親は遠江・三河侵攻を、早雲は伊豆・相模侵攻を行っている。この侵攻戦によって、多くの城が戦闘の舞台となり、また領土拡張に伴いいくつかの新城が築かれている。斯波氏対今川氏の文亀・永正の争乱で戦闘が繰り広げられた城の大部分は、従来から存在した城であり、または南北朝期の城の再利用であった。未だ城が恒久施設ではなく、臨戦態勢下に利用される一時的な拠点としての位置付けから脱していないということになろう。

遠江守護職に補任され、駿河との二ヵ国支配が確実になると、氏親は、領国支配のための法律「今川仮名目録」を制定し、検地を実施。土地と人民を一元的に直接支配した。こうして守護大名から自立した戦国大名が誕生したのである。氏親は、恭順を示した国人領主に対しては本領を安堵し、城もそのまま使用させている。国人領主の城は、今川支配下の支城に組み入れられたことになる。だが、敵対した領主に対しては、重臣や城代・城番などを送り込み、直接支配している。原氏の場合、代わりに重臣・朝比奈氏が送られ、城も殿谷から懸川城へと拠点が移された。引間城も大河内氏が追われ飯尾氏が城主に、三岳城には奥平貞昌が城番として入城している。また、東三河に築かれた今橋城は、東三河支配の拠点であると共にさらなる領土拡大のための軍事拠点の役割をも担う存在となり、重臣牧野氏が配された。氏親は、駿府館（静岡市）を拠点とし、支配下に組み入れた国人領主の城を支城とし、駿府防備網を築きあげた。交通の要衝には、新たな城を築き在番を置いている。氏親はこのように、新たな城を多く築いているが、やはり後世の改変が著しくその姿ははっきりしない。氏親の死亡した翌年の大永七年(一五二七)、連歌師宗長《そうちょう》が宇津山《うづやま》城(湖西市)を訪れた際、城と普請の様子を『宗長手記』に記している。当時の城の姿が判明する極めて貴重な記録である。「国の境の城鵜津山に至りぬ。此鵜津山の館といふは、尾張三河信濃の境、ややもすれば競望する族有りて、番衆日夜油断なき城なり。東南此浜名の海廻りて、山のあひあひ、せき入、堀入れたる水大海の如く、城の岸を回る大小の舟岸につながせ、東むかひは堀江の城、北は浜名城、刑部城、いなさ山、細江舟の往来自由なり。西の一方山つづきにて敵の忍びかくるべき所もなし。此一両年長池六郎左衛門親能承り、普請過半。本城の岸谷野底まで竪に掘りつづけ足を留むべきやうもなし。三ヵ国の敵の境、夜の太鼓、城番の声、寸暇なく聞ゆ。」とある。宇津山城は、境目の城であるため、日夜警備に怠りの無い城であった。曲輪間に堀切を設け、谷底までの竪堀も設けられていた。この時期に至り、今川氏も、曲輪間を仕切る堀切や竪堀を配していたことが解る。従って、自然の尾根地形を利用し、階段状に曲輪を設け、堀切や竪堀によって防御を固める城が築かれていたのである。南北朝期に見られなかった堀切・竪堀が登場したことによって、天嶮だのみの城ではなく、ある程度の要害地形が工夫次第で作り出せるようになったのである。

早雲が最初に築き居城とした興国寺城は、江戸初期まで使用され、戦国期に大改修を受けてい

南より見た柏久保城址

るため、当初の姿はほとんど不明である。だが、高い山城ではなく標高約二〇メートルの丘陵先端部に選地している点は興味深い。尾根続きとなる北を除けば、三方が浮島沼と呼ばれる低湿地帯となるため、その天嶮を活かすべく低い丘陵を選択したのであろう。併せて、この地は東海道に続く竹田道と根方街道が交差する交通の要衝であったことも理由の一つであろう。早雲が、伊豆を支配下に治めた後築く韮山《にらやま》城（伊豆国市）は、標高一二八メートルの天《てん》ヶ《が》岳《だけ》を取り込んだ城で、普段は山麓部に居住していたと考えられる。このように、丘陵や山城を巧みに使い分けし、様々な城が築かれ始めたのである。比較的、早雲時代の面影を伝える城が柏久保城（伊豆市）で、戦国期の改修はあるものの旧状を留めている。標高一八〇メートルの最高所に主要部を置き、そこから派生する尾根筋中腹に出丸のような曲輪を設け、敵の侵入に備えている。山頂部は、主郭と二の郭、三の郭をL字に配したコンパクトな造りで、主郭西下に小曲輪と堀切が残る。各曲輪とも南側にのみ土塁が構えられ、北側は新九郎谷と呼ばれる崖地形となる。二の郭と三の郭の間が正面口の可能性が高い。早雲時代も現在と基本は変わらず、土塁や堀切が小規模で、虎口も単純であったと推定される。早雲に敵対した狩野城（伊豆市）も、旧状を伝えている。柏久保城同様、堀切や土塁の規模が小さく、最高所を中心に、尾根筋に小曲輪を構えたコンパクトな城であった。早雲に味方した大見三人衆が拠点とした大見城（伊豆市）も極めて小規模で、主郭とその周囲にいくつか階段状の曲輪が配されただけである。複数残る堀切・竪堀は、戦国期の改修とするのが妥当であろう。

氏親と早雲の関係を見ておきたい。氏親政権誕生以来早雲は、氏親を補佐し軍師のような役割を果たしている。早雲が伊豆を奪取した後も、氏親の軍事行動の先頭に立っており、今川家より独立して独自の路線を歩み始めたとは思えない。また、氏親のことを「御屋形」と呼んでいることからも、早雲と氏親の関係が判明しよう。氏親も早雲の行動に対し、今川軍を派遣するなど協力を惜しんでいない。両者の強い絆があったことによって、双方が相模、遠江・三河へと領国拡大が図られたのである。城についても、極めて似通っており、設計・施工者がほぼ同一であった可能性は高い。氏親政権発足から遠江浸入時における城の姿については、はっきりしないが、早雲の伊豆侵攻時に築かれたり、利用されたりした城と大差はないと思われる。いずれの城も、自然の要害を巧みに取り込み、最高所を中心に階段状に曲輪を構え、そこから派生する尾根上にいくつかの曲輪を配置した構造で、小規模の土塁や堀切が見られ、虎口は単純であった。堀切や竪堀等の規模が増すのは、氏親最晩年のことであり、三河侵攻と斯波氏による遠江侵攻が契機になったと推定される。

義元政権誕生と花蔵の乱

大永六年（一五二六）、氏親が病没すると十三歳の嫡男・氏輝が後を継ぐ。若年ということもあり、当初は母である寿桂尼《じゅけいに》が息子を支えた。発給文書も多く、実質は政権を担っており「女戦国大名」とも呼ばれる。だが、氏輝が成長すると政治の第一線からは退いた。氏輝は、父・氏親と早雲以来の同盟関係をより強固にするため、姉（瑞渓院）を北条家当主の氏康に嫁がせた。氏親の後継者として期待を一身に集めた氏輝であったが、天文五年（一五三六）、二四歳の若さで、弟彦五郎と共に急死してしまう。あまりの突然の死と、弟と共であったことが不自然で、今川家内部のクーデター説もあるが、死因は判然としない。

氏輝死去によって、善得寺（富士市）に入っていた梅岳承芳《せんがくしょうほう》（後の義元）が後継者となったが、異母兄の玄広恵探《げんこうえたん》が妻の実家福島一族と共に反乱を起こした。だが、義元養育係の太原崇孚《たいげんそうふ》（雪《せっ》斎《さい》）らの活躍によって乱は鎮圧、恵探は花倉城（藤枝市）から普門庵に逃れ自刃した。恵探の反乱は花倉城を拠点にした局地的なものであったため「花蔵の乱」と呼ばれた。これが、花蔵の乱の従来の解釈であった。だが、この乱は「領国内を二分し、甲斐の武田氏までを巻き込んだ大規模な戦い」であったことが明らかとなってきた。「花蔵の乱」は、花倉城での乱ではなく花蔵殿(恵探)の乱であり、花倉城での戦いは乱の最終局面であったと考えられている。「花蔵の乱」は、領国規模で展開した義元擁立派と恵探擁立派の政権争いだったのである。

乱の最終的な舞台となった花倉城は、標高二九七メートルの山頂部に中枢部を設けただけの小規模な城である。本曲輪からの眺望は開け、山麓葉梨の谷は無論のこと、志太平野から駿河湾までが一望される。城は、本曲輪と二の曲輪を中心に、そこに階段状の小曲輪が付設された単純な構造で、本曲輪と二の曲輪の間、二の曲輪南側に堀切が見られる。土塁は、本曲輪北側と二の曲輪東西に残る。ここから四方に延びる尾根筋の鞍部にも三ヵ所の堀切が見られる。単調な曲輪構造と不釣り合いの堀切のみ、後世の改変の可能性が高い。基本構造は、花蔵の乱時を踏襲していると思われ、この時期の城の構造を知るに貴重な例であろう。

花倉城より志太平野を望む

義元政権発足により、外交は一変した。天文六年(一五三七)、それまで同盟関係にあった後北条氏と袂を分かち、敵対関係にあった甲斐の武田信虎の娘を正室とし駿甲同盟を成立させた。これに反発した北条氏綱は、富士川以東へ乱入し「河東一乱《かとういちらん》」と呼ばれる抗争が始まったのである。これにより、富士川を境に左岸の吉原城（富士市）は北条氏、右岸の蒲原城（静岡市）は今川氏の前線基地となり、富士川を挟んだ緊張状態が続いた。天文八年、北条勢は大軍をもって蒲原城に迫り戦闘に及んだが、決着は不明である。その後、今川氏は遠江経営を、北条氏は武蔵・下総などの関東領国化を、武田氏は信濃平定戦へ向かうことになり、この地域での争いは、一時的に途絶えることになる。

蒲原城本曲輪より善福寺曲輪を望む

今川方の最前線となった蒲原城は、東海道を真下に見下ろし、駿河湾や由比・薩埵《さった》峠《とうげ》への眺望が開ける要衝の城である。国境に位置するため、駿河湾を監視し東海道を押さえる境目の城として重要視された。城は、戦国期に大規模な改修を受けているため、この時期の姿は判然としない。おそらく、標高一三八メートルの最高所の本曲輪、北側の善福寺曲輪、南側の二の曲輪を階段状に配した構造で、南側斜面の崖地形を防御の要とし、小規模な堀切や土塁を配す構造が推定される。

天文十四年、義元の善得寺着陣を契機として、第二次河東一乱が勃発。義元は、長久保城（長泉町）を奪取し、再び河東地域の領有権を回復した。その後、義元は雪斎を総大将として、軍勢を三河に派遣し領国化を進め、尾張の織田信秀と激しく対立することになる。敵対する北条氏も、上野国で上杉氏と対立、武田氏も信濃平定が急務であり、今川・北条・武田の三者は、領国が接する河東地域への出兵どころではなかった。こうした情勢下に、雪斎が仲介に入り、今川義元・武田信玄・北条氏康の三名が善得寺（富士市）に会盟し、義元の嫡男氏真《うじざね》に北条氏康の娘を、氏康の嫡男氏政に信玄の娘を嫁がせるという婚姻の約束が行われたという。信玄の嫡男義信には、すでに義元の娘が嫁いでおり、ここに駿甲相三国同盟が成立した。ちなみに、後に「善得寺の会盟」と呼ばれる三首脳の会談は、後世の創作と言われるが、天文十九年～二十三年にかけて、三者の間で相次いで婚姻関係が結ばれたのは事実である。三国同盟の成立によって、三氏共に背後の河東地域に対する備えの必要が薄れ、北条氏は北関東、武田氏は北信濃、そして義元は三河へと侵攻することになる。

翌年、軍師・雪斎が死亡、永禄年間（一五五八～一五六九）に入ると義元は、家督を嫡男氏真に譲り、三河侵攻に専念する。尾張では、信秀死去に伴い信長が後を継いでおり、ここに運命的な対立が生まれることとなった。永禄三年（一五六〇）、三河守に任じられたのとほぼ時を同一に、義元は二万五千の軍勢で駿府を発した。義元の尾張侵攻が、上洛戦であったのか、それとも新領国となった三河国の安定のために、尾張国境地帯を制圧しようとしたのかは定かでない。いずれにしろ、遠江・三河を通り、池鯉鮒《ちりゅう》（愛知県知立市）に陣を敷き、沓掛《くつかけ》城（愛知県豊明市）に入城。今川方は、すでに鳴海城・大高城（共に名古屋市）を前線基地としており、義元は大高城に向かうために沓掛城を出たという。途中鷲津砦と丸根砦（共に名古屋市）奪取の知らせが届くと、義元は人馬を休ませ、桶狭間山で休息、軍勢は丘全体に散会したと思われる。この時、突如織田軍が出現し、手薄な義元本体に攻撃をしかけた。今川方は、義元をはじめ多くの有力家臣が為すすべなく討死にして総崩れとなった。合戦後も、鳴海城を守る岡部元信のみ徹底抗戦を続けたが、主君・義元の首と引き換えに開城し、駿府へ帰還した。松平元康（後の徳川家康）は、今川方が放棄した岡崎城へ入り独立、三河統一へ向け動き出す。戦に勝利した織田信長は、やがて尾張を統一、美濃を攻略して上洛を果たすことになる。義元を失った今川氏に対し、「三州錯乱」と呼ばれる、反今川の動きが活発化、遠江へも飛び火し「遠州忩劇《えんしゅうそうげき》」と呼ばれる反今川運動が勃発し、今川家の弱体化は歯止めがかからなくなっていく。

桶狭間古戦場伝承地

今川最盛期の城

今川氏が駿府に居館を構えた時期は、はっきりとしていない。永享四年(一四三二)、将軍足利義教が駿河国に下向した折、府中の「富士御覧の亭」より富士見をし、四代範政と歌を読み交わしている。このことから、四代以降は確実に駿府が本拠であったことが判明する。

甲相駿三国同盟の成立と、三河の支配下を確実にした最盛期、いわゆる義元の代は、駿河こそが日本一平和な街であった。今川館は、「花の御所」と呼ばれた室町洋式の優雅な館であった可能性が高い。今川家の礼式が幕府に倣ったものであったためで、「洛中洛外図屏風」に見る公方亭(足利義晴亭)のような建物が立ち並ぶ姿が想定される。ただ、そこは戦国大名の居館でもあるため、周囲は堀や土塁で囲まれ、ある程度の防備強化は図られていた。駿府の街は、南が陽光きらめく駿河湾で、残り三方を山が取り囲む、極めて鎌倉に酷似した街である。鎌倉の街が、鎌倉に入る切通しを固め、防御強化を図っていたように、駿府の街も、静清平野に入る東西の峠道を押さえる城を築き、街道を押さえ込むことで街そのものを守っていた。今川館の東側に愛宕山砦(茶臼山砦)・瀬名砦、南側に八幡山城・有東《うとう》砦、西に丸子城・持舟城・金山砦、北に賤機《しずはた》山《やま》城(以上、静岡市)が配されていた。さらに東の薩埵峠前面には横山城と蒲原城(共に静岡市)が、西の宇津谷《うつのや》峠前面に徳之一色《とくのいっしき》城(藤枝市)、日本坂峠越えに対しては前面に花沢城(焼津市)を置くことで、防御を固めていた。俗に北側背後の賤機山が詰城であったとも言われるが、武田軍はここを越えて駿府へと侵入しており、今川期に賤機山が詰城として機能していたことは考えにくい。

今川氏の居館である今川館の位置を示す資料は無く、駿府の街のどこに存在したかははっきりとしない。昭和五七年（一九八二）駿府城二の丸西北部に美術博物館建設の構想が持ち上がり発掘調査が実施された。この調査で、今川時代の池状遺構や溝、井戸などが確認され、さらに守護クラスしか持つことの無い優品の貿易陶磁類も多数出土した。この遺構群が今川館に関係するとまでは言えないが、少なくとも今川氏関連の屋敷地であることはほぼ確実で、県は美術博物館建設を断念し、遺構は再び埋め戻され保存されることとなった。当時、都から駿府を訪ねた公家の日記『言継卿記』の記載内容から、新光明寺（伝馬町）から極めて近い場所であったことが読み取れる。その後の発掘成果や地形、これらの記録から、今川館は現在の駿府城内の本丸・二の丸のどこかに存在したことがほぼ確実な状況となっている。個人的には、二の丸坤《ひつじさる》櫓付近が最も可能性が高いと考える。

館の構造は推定するしかないが、同時期の守護大名の居館（武田館や大内館）と同様で、堀と土塁によって囲まれていたことは確実であろう。単体の方形館であったのか、中心曲輪と付随する曲輪群によって構成されていたのかははっきりしない。山科言継《やましなときつぐ》が義元や氏真に対面した際、家臣が中門の外まで出迎えており、中門より内は厳重な警戒であったことが窺える。諸記録によれば、館内部の施設は、「北の亭」（山里的空間）、「義元亭」（政庁的空間）、「奥御殿屋敷」（奥向空間）、「義元隠居屋敷」（私的空間）等が存在していたことが判明する。前述のように、これは

坤櫓跡より見た富士山

室町御所を模した御殿建築で、これに茶室を伴った庭園施設が付随していた。元禄年間の茶道書によれば、書院の枯山水や茶室の露地庭は、富士山を望めるように配されていたという。庭は、遠景に富士山、中景に三保の松原を模した松林、手前に富士川を模した泉水を配す「駿河づくし」であった。これらのことから、館の東側を空け西側に建物群を設けた屋敷ということになり、自然地形が最も高まる二の丸坤櫓付近が屋敷地で、そこから東側に庭園と考えるのが最も妥当な考えではないだろうか。

　今川館の存在する駿府の街を守っていた城砦のうち重要拠点が、前述の横山城・蒲原城・徳之一色城・丸子《まりこ》城・花沢城・持舟《もちふね》城の六城であった。横山城は、甲斐との往還、東海道を押さえ、薩埵峠を守る重要拠点で、標高約一〇〇メートルの独立丘陵上に築かれている。駿河を領有した武田氏が甲斐往還確保のために改修を実施しているため、今川時代の姿ではないが、基本構造に大きな変化は見られない。今川時代は、T字を呈す山頂に階段状の削平地を設け、堀切や土塁が存在したとしても小規模であったと考えられる。曲輪の高低差と切岸が防御の要であった。連歌師宋長が城を訪れた際、山水庭園を賛美しているが、その庭園のある屋敷地が山麓南西部に土塁囲みで残されていることは特筆されよう。今川氏重臣興津氏の居城であり、今川配下の武将の山城と居館のセット関係が判明する貴重な例でもある。花沢城は、高草山の南東麓に位置する標高約一四三メートルの独立丘陵上に築かれた城で、日本坂越えを押さえると共に、駿府の西方防備の役目を担う城であった。尾根上は狭く、馬の背のような地形で、への字形の最高所に主要部、南二ヵ所のピーク上にも何らかの施設の存在が考えられる。鞍部が堀切状にも見えるが、自然の谷地形を取り込んだだけの可能性もある。小規模であり、敷地面積も狭く、有事に際して城番を配置する城と考えたい。徳之一色城・丸子城・持舟城については、その後の改修が大きく今川時代の姿は判然としない。

義元は、支配地の拡大に併せ、恭順を示した武将に対しては、本領を安堵し城をそのまま使用させている。城の存続が認められた時点で、城は戦国大名今川氏の支城に組み入れられることになった。敵対した場合は、城主・城代、城番として重臣を送り込み、支配を固めた。これにより、国人領主が地域ごとに構築していた支城網を利用しつつ、さらに大きなネットワークを領国全体に張り巡らすことに成功したのである。領国境に位置する「境目の城」については、必要に応じて在番制をとっており、蒲原城に飯尾氏など遠江国人衆が詰めることさえあった。今川氏の手によって築かれた城の特徴を見ておきたい。まず、自然の要害の地が選地される場合が多く、尾根筋上に曲輪が展開する。尾根筋上に曲輪を配すが、尾根を遮断する堀切は少なく小規模である。曲輪間を区画する堀切も数が少なく、土塁も認められるものの小規模で、曲輪全体を取り囲むには至っていない。防御の要は曲輪間に存在する高低差であった。最高所に中枢部を置き、そこから高低差のある曲輪を尾根筋に階段状に配置することによって、敵方の侵入を阻もうとしていた。葛山《かずらやま》城（裾野市）、横山城、蒲原城のように、山麓部に居館を構え、背後の山に詰城を設けたケースも見られる。俗に言われてきた、山麓部に居館、背後に万が一の際の詰としての山城を築くという典型例は少ない。普段の生活が、山麓平坦部にあったのは確実だが、必ずしも詰城の麓に構える必要はない。居城に対する突然の襲撃、いわゆる奇襲戦というのはほとんど起こらず、敵方の侵入は事前に察知されており、十分な備えをするだけの時間的余裕はあったはずである。従って、領国内のどこに居館が存在していたとしても、さして大きな問題ではない。領国内の最も便利な箇所に居館を構え、有事に際しては要害の地に設けられた山城に籠って対抗しようとしたのである。

国人クラスの城は、前述のように山や丘を利用し、ある程度の防御機能を持っていたが、国人領主を寄親とする在地土豪は、どのような城に居住していたのであろうか。在地土豪いわゆる地侍は、普段は農業経営に従事し、いざ合戦の場合のみ、寄親の元へ走ることになる。現存する黒田代官屋敷（菊川市）が、戦国期の土豪館の姿を残すと言われる。方一丁程の方形館で、東西約九〇メートル、南北約一二五メートルの規模で水堀が四周を囲んでいる。また、発掘調査が一部で実施された松下屋敷（浜松市）も、発掘成果、古図や地籍図を元に復元すると、東西約一一五メートル、南北約一二〇メートルの水堀で囲まれた方形館が浮かび上がってくる。松下屋敷は、頭陀寺城とも言われ若き秀吉が従えたという松下加兵衛の屋敷で、引馬城主飯尾《いいお》乗連《のりつら》の寄子であった。このように、在地土豪クラスの居所は鎌倉以来の伝統的方形館を踏襲していたのである。

義元時代を含め、今川全盛期に築かれた城の防御性が極めて低いのはなぜだろうか。それは、他国からの侵入を想定する必要が無い程、今川政権が安定していたからに他ならない。常に、他国からの侵入を受けて入れば、自ずと防御機能に工夫が凝らされ、侵入を阻む城が誕生するはずである。武田氏の甲斐国と同じで、他国に築く城は常に敵からの攻撃にさらされる危険はあるが、領国内においてはその危険性は皆無であった。足利将軍家に連なる今川氏は、「花の御所」と呼ばれた室町御所を駿府の街に持ち込み、都を模した街を築き上げたのである。

今川氏真の築城

義元の後を継いだ嫡子・氏真は、武田信虎の娘を母に持ち、正室は北条氏康の娘であった。義元が桶狭間で討死にしたことによって家督を相続したと考えられていたが、近年それ以前に家督継承があったとされている。小和田哲男氏は、駿河国の国務権を発動した永禄元年（一五五八）の印判状から、この頃家督相続があったとしている。

桶狭間の敗戦により、松平元康が岡崎帰城を果たしたため、今川氏による三河支配が揺るぎ始める。氏真は、東三河の国人のみならず、寺社や商人などに対して広く安堵状を発給し、支配の継続に努めた。また、軍事行動を起こすことによって、反今川の行動を抑止しようともしている。永禄四年、将軍足利義輝は、氏真に元康との和解を促し、武田信玄・北条氏康に協力するよう要請もしている。幕府は、連枝である今川氏による駿遠三の安定支配を望んでいたのである。

永禄五年、元康は織田信長と同盟。これにより、東三河で今川と松平両氏の抗争が激化し、「三州錯乱」と呼ばれた。同時期、遠江においても反今川の動きが表面化する。「遠州忩劇」・「引馬一変(返)」と呼ばれる反今川の動きは、井伊谷の井伊氏、引馬の飯尾氏、見付の堀越氏、犬居の天野氏等で、独立性の強い国人領主層だけでなく、重臣・譜代までもが反旗を翻した。いずれも、氏真の政権維持能力に対する不安からの離反で、西遠江諸氏は松平氏との連携を、北遠江諸氏は武田氏との関係からと考えられる。氏真は、軍事力によってなんとか制圧するが、その終息は同八年頃のことになる。北遠の奥山氏、中遠の久野氏の状況等を見ると、今川・松平・武田氏のどこに組するかによる一族内の内部分裂を伴っていたようである。この争乱により、寺社も被害を受け、さらに利権をめぐる領国内の対立も表面化し、今川氏の権威の衰えは、東三河・遠江だけでなく、領国全体に隠すことは出来なくなってきた。

永禄七年、三河の一向一揆勢力を鎮圧した家康は、東三河の全域支配をめざし今川勢力を攻撃、翌年には東三河の拠点・吉田城を陥落させた。三河全域をほぼ支配下に置いた家康は、遠江国人層の切り崩し工作を開始する。今川氏の弱体化を見越した家康の動きに対し、武田信玄は駿河南進策を考えるが、義元死後も継続する駿甲相三国同盟により表だった動きを見せるわけにはいかなかった。この間、氏真の妹を夫人としていた嫡男・義信を死に追いやり、四男・勝頼に織田信長の養女を嫁に迎えた。また、娘と信長の嫡男・信忠との婚約を成立させ、信長との繋がりを強めていった。家康が、三河統一を果たし、遠江への侵攻が確実な状況になると、武田信玄は家康と共同して今川攻めをするとの誓詞を取り交わすことになる。両者の間では、大井川を境とし駿遠を分け合うというもので、永禄十一年のことであった。

弱体化を示す今川氏であったが、氏真もただ手をこまねいていたわけではない。外交面では、甲相駿三国同盟を維持しつつも、信玄の嫡子義信の死によって妹が武田家より送還されている。

堀川城址

そのため武田氏との関係途絶を懸念し、越後の上杉氏との交渉を開始する。また、妻の実家の北条氏との繋がりを強めていった。併せて、武田氏・徳川氏と国境を接する北遠・西遠地域の諸城の修築を命じ、国境を固めている。酒井忠次の攻撃により吉田城を支えきれず退却した大原資良《おばらすけよし》は、永禄十年、宇津山城の朝比奈泰忠を打ち取って入城、徳川勢による侵攻に備えた。氏真は、奪還した宇津山城を対徳川の最前線に位置づけ、浜名湖西岸の各城の整備拡張工事を実施する。海岸沿いの潮見坂越えを抑えるために妙立寺域を城郭（吉美《きび》城）として整備、姫街道を抑える目的で、今川方土豪の手によって堀川城（浜松市）が築かれた。記録こそないものの、堀江城、佐久城（浜松市）も、この時期の改修があったと考えるのが妥当であろう。このように、家康侵攻に備え浜名湖西岸諸城の整備が実施された。同年、信濃から遠江平野部の拠点二俣へ抜ける街道を守る中尾生砦《なかびう》（浜松市）も普請されている。この整備は、武田氏の南下に備えたものと理解されよう。今川氏がおさえる二俣の地は、森・掛川地域、信濃・東三河への陸路の分岐点とし、さらに天竜川水系の拠点でもあった。氏真は、北の武田氏、西の徳川氏に対する城を改修し、備えとしたのである。

同年暮れ、信玄は富士川を南下し駿河をめざした。氏真は興津清見寺（静岡市）に本陣を置き、薩埵峠で迎え撃とうとしたが、重臣の内応が相次ぎ、一戦すら交えることが出来なかった。氏真は、翌日駿府館を捨て、朝比奈泰朝の居城・掛川城へと退去している。今川家歴代が拠点とした駿府は、いとも簡単に武田氏の手に落ちてしまった。駿府を手中にした信玄は、家康加勢を名目に遠江に侵攻し、秋山信友率いる伊奈谷からの別動隊と合流し、遠江までもその支配下におこうとしたのである。しかし、家康から盟約違反の抗議があり、秋山隊は退去。その間に、北条氏政軍が薩埵山に陣を置き、富士大宮城（富士宮市）の富士氏が籠城してしまう。興津川以東を北条氏におさえられ、さらに甲府への往還路である富士口までもが固められ、信玄は駿府に閉じ込められてしまったのである。

突然の義元の死によって生まれた氏真政権は、政権基盤が当初から動揺しており、三河を失い、遠江で大規模な反抗が起こることになる。氏真は、軍事力によって何とか制圧するが、東からの徳川氏、北からの武田氏の侵攻に備えなければならなかった。氏真は、主要街道の確保と国境警備のために、浜名湖西岸地域と北遠地域の城の整備改修を命じている。記録に残る中尾生砦、宇津山城、吉美城ではあるが、その後武田氏や徳川氏の改修を受けており、氏真による整備改修がどの程度の規模であったかは判然としない。新規築城の吉美城にしても、寺院を再利用しており、大規模な普請を伴っていたとは考えにくい。比較的旧状を留める宇津山城から、氏真改修を想定しておきたい。

湖に突き出た宇津山城跡

城は、浜名湖西岸の湖に突き出た独立丘陵上に位置しており、陸続きとなる西を除く三方が湖に囲まれている。城跡は、T字状を呈し西側が高山（標高五〇メートル）、東側が浜名湖に突き出た城山（標高二五メートル）あるいは正太寺鼻と呼ばれる。当初期の城は、東側城山に築かれ浜名湖水運を押さえる役目を持っていた。吉田城から入った大原資良は、それまでの未使用であった西側高山に城を構え、西側からの脅威に備えたのである。階段状に曲輪を設け、土塁を構築し、北に竪堀、南に木戸を配し、西側前面の堀切と併せて、完全な遮断線とした。現状の城跡は、その後徳川氏が大きく改修したものだが、基本となる構造に大きな変化は無かったと思われる。中尾生砦は、本曲輪・二の曲輪のみの極めて小規模な構造で、本曲輪北西側に二重の土塁と堀切が見られる。これは、後世の改修で、今川段階には存在しないか、小規模の土塁と堀切がそれぞれ一ヵ所にある程度と考えられる。このように、永禄年間後半の改修は、大規模な普請を伴うものではなく、柵や塀を構築して防備強化を図るという極めて臨戦的な改修の可能性が高い。

徳川家康の遠江侵攻

永禄十一年(一五六八)二月、徳川家康は、松平家忠に下知状を与え、宇津山城への移動を命じ、遠江侵攻に向け動き出した。四月には、二俣城の二股左衛門尉、久野城の久野宗能《くのむねよし》が家康方となっている。しかし、八月に天野藤秀は、内通を拒否していることから、家康の調略は順調に推移したとは言いがたい状況であった。九月には、遠江国地下人らが味方になったことを喜んで、家康は褒美を定めてもいる。

十二月、吉田城主であり、東三河家老職の酒井忠次を先鋒とし、遠江侵攻戦の幕が切って落とされた。家康は、三河勢七千余を率い、三河国境から本坂峠を越え、井伊谷筋を通り遠江へと入っている。翌日には、吉美城が落城、また井伊谷城(三ケ日町の千頭峯城か?)、刑部城、白

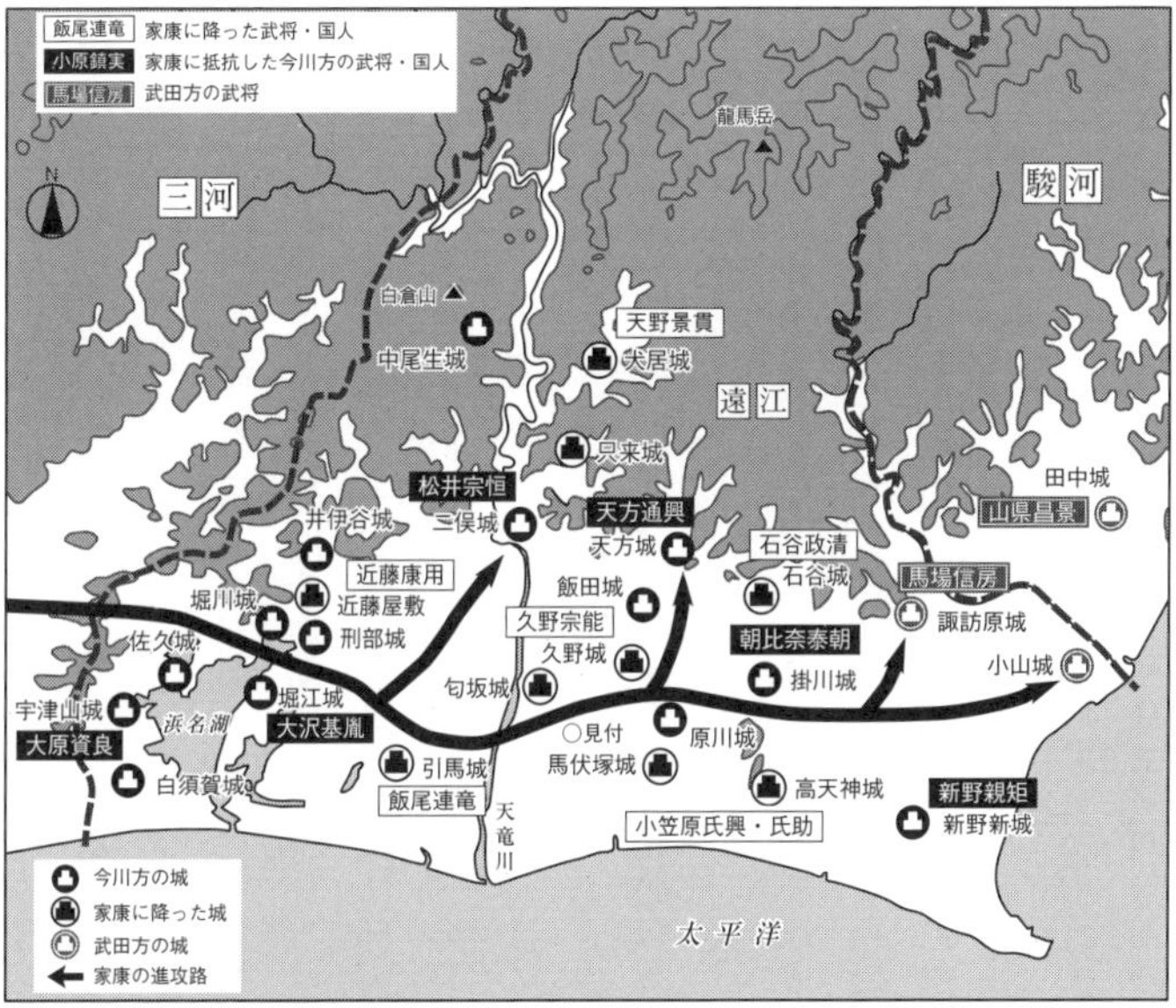

第５図　徳川家康遠江侵攻図

須賀城（湖西市）も陥落したという。十五日には今川重臣大原資良に奪取された宇津山城も落城し、浜名湖周辺域の制圧にほぼ成功したようである。一週間後には、長下郡安間村に陣を構え、伊奈から遠江へ侵攻していた秋山信友を撤退させ、遠江の要衝である引馬城（後の浜松城）に入城を果たすことになる。

三河・遠江国境付近から、徳川軍の怒涛の進撃を可能したのは、井伊谷三人衆と呼ばれる菅沼忠久・近藤康用《やすもち》・鈴木重時の道案内があったからであろう。家康は、井伊谷三人衆に対し本領安堵の上加増を約し、その配下に加えていた。家康が引馬城に入った二日後、磐田市に本拠を置く匂坂吉政に見取郷等を与えている。家康の勢力は、徐々に遠江を席捲しようとしていた。この状態を見た今川配下の武将のうち、高天神城、馬伏塚城を領有する小笠原氏興・氏助(信興)父子らが十二月中に家康の軍門に降っている。同月中には、久野氏一門の本領を安堵し、鵜殿氏長、松井和泉守らに二俣城の防備を命じ、所領を安堵。さらに、久野千菊にも所領を与え、遠江国人・土豪層の徹底した懐柔策を実施した。旧今川配下の武将たちは、西から侵攻してくる徳川につくか、北から侵攻してくる武田につくか、そのまま今川家に味方するかで、内部分裂を含めその対応に苦慮したようである。特に、信濃、駿河と国境を接する地域の領主は、三方から同一の本領安堵状を得ることもあり、生き残りにかけて必死な姿が浮かんでくる。

一方、武田信玄の駿河侵攻により、氏真はわずか五〇騎ばかりの味方と共に、間道を利用して掛川城へ逃れた。掛川城は、今川家の重臣朝比奈泰朝が守っていたが、二七日には、早くも家康軍によって包囲され、城下にも火が放たれてしまう。この時期、浜名湖東岸にあって未だ降伏していない大沢基胤は、堀江城に籠り徹底抗戦を試みた。明けて永禄十二年正月に、大沢基胤らは宇布見《うぶみ》砦(浜松市)を攻撃、敵船を奪取し周辺農民に一揆を蜂起させている。一揆勢は、旧今川方土豪たちを後ろ盾に堀川城を築き、二千五百人余で籠城、家康に抵抗した。この一揆によって宇津山城が再び今川方の手に渡ってしまう。掛川攻めの背後でうごめく旧今川勢力の抵抗に対し、三月六日、家康は一族の松平(形原)家忠を派遣、宇津山城を再奪還し、堀江城に対しても井伊谷三人衆に攻めさせている。三月末~四月初めにかけて、堀川城、佐久城が落城し、唯一堀江城のみが抵抗している状況となった。奥浜名湖の抵抗勢力を孤立させた家康は、再び氏真が籠もる掛川城攻めにその主力を配している。

家康は、遠江に侵攻し引間城へと入城したものの、旧今川家臣を完全に掌握しているとは言い難い状況であった。それは、掛川城攻めに当たって、旧今川配下の周辺諸将に対し、発給した文書や記録からも判明する。大久保忠教の『三河物語』によれば、「然処に、久野（宗能）ヵ庶子共に久野佐土（宗憲）・同日向守（宗成）・同弾正（宗政）・同淡路（宗益）・本間十右衛門尉（政季）申ケルハ、爰にて人ト成処なり、イサヤ、家康え敵に成て、懸河ト相挟ミて、爰ヲ退カセ申間敷、久野ヵ敵ヲスルナラハ、遠江内之侍立ハ、一寄モ不被残シテ、敵に成てクツ帰、スヘシサモアラハ、国中之一騎共モ、此方彼方より起ルヘキ、然は、家康モ深入ヲシて御ハ、綻え入タル心なり、イササラハ、惣領職に聞カセントテ、久野三郎左衛門（宗能）に申ケレハ、何れモ申処尤にハアレ共、然ト云に、一度氏真え逆心ヲシて、家康之御手ヲ取奉て氏真え弓ヲ引ク事ヲサえ、侍之弓矢之義理ヲチカエタルト思えハ、夜之目モ不被寝シテ、人之取仕迄モ面目無シテ赤面スルに、程モ無シテ又、家康え逆心ヲスル物ナラハ、二張ノ弓なり、其故、人之取仕にも、内股膏薬とて後指ヲ指レハ、命ナカラエテモ益モ無、一心に家康え思ひ付給えトテ承引ナケレハ…」とある。結局、久野宗能は、家康に忠誠を誓っている。家康にとって、氏真が籠もる掛川城を陥落させることが、遠江一円支配に繋がることであった。そのためには、掛川城より西側一帯を領有する旧今川配下の実力者・久野氏一族を味方に引き入れ、背後の安全を確保すると共に、「久野ま

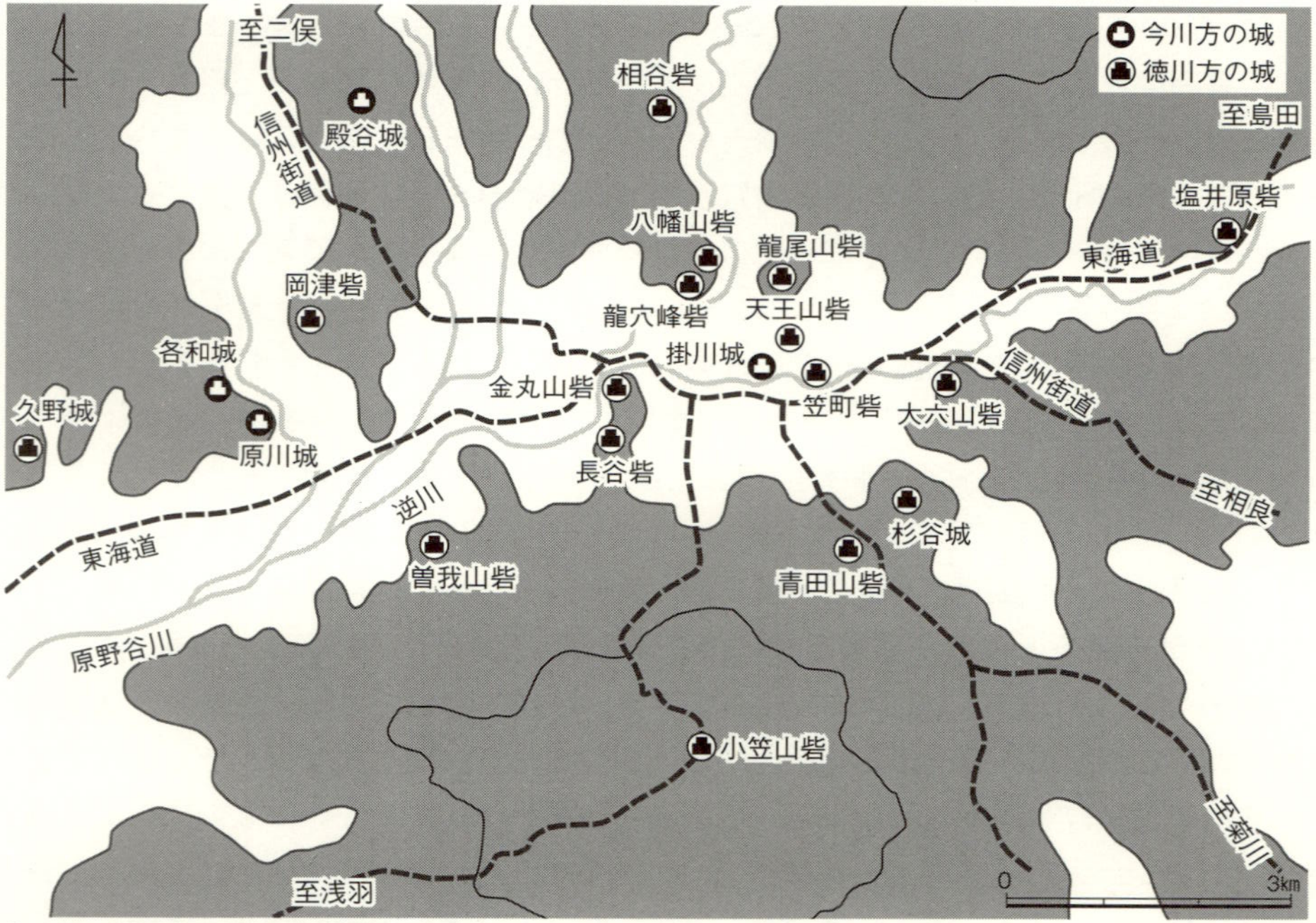

第６図　掛川攻めの徳川城砦群位置図

でもが家康に味方した」という実績がほしかったのであろう。戦わずして、家康に組する領主たちには本領安堵を約し、平和裏に遠江の一円支配をめざす大方針であったことが伺える。

久野氏を味方に引き入れた家康は、掛川城の四方に砦を構え見付へと帰陣、周辺域の国人領主や在地土豪層を調略により、次々と味方に引き入れ、掛川城を孤立させることに成功したのである。こうして、家康は本格的に掛川城攻めを開始した。青田山砦に小笠原信興、二藤山に岡崎衆番手、金丸山砦に久野宗能らを入れ、家康自身は本隊を率い、天王山（掛川市）に陣を布いている。今川方はただ城に籠もっていただけでなく、周辺諸将に対し調略の手を伸ばしたり、城から外に討って出ていたりしていたことが判明する。さらに、徳川の本陣・天王山砦をめぐり大規模な合戦がおこっており、今川方に多数の死傷者が出たようである。掛川攻めが長引くと、家康は、氏真に使者を遣わして和睦を求めることになる。掛川城に籠る今川方の根強い抵抗の中、未だ遠江国内状況が不安定の中での長期戦は、決して家康にとって望む展開ではなかったはずである。それが、氏真との和睦による掛川城開城へと決断させた真意ではないだろうか。

和睦を図る中、徹底抗戦を続ける堀江城の大沢基胤らに調略の手を伸ばすなど、執拗な家康の懐柔策と今川氏の凋落により、抵抗勢力も沈静傾向へと向かい、家康による遠江確保が見えてきていた。籠城六ヵ月ついに氏真は掛川城を家康に明け渡し、義父北条氏康の兵と共に掛塚から小田原へと向かった。掛川城の開城によって、戦国大名今川氏が滅亡し、家康は遠江一円をほぼ掌中に納めることとなった。しかし、遠江の内北部山岳地帯は、信濃と国境を接しており、武田方に付く国人土豪たちも多く、完全に遠江全域の支配権が確立したのは、天正四年(一五七六)頃のことになる。

家康は、掛川城攻めにあたり、龍尾山《たつおやま》砦・龍穴峰《りゅうけつほう》砦・次郎丸砦(八幡山砦)・相谷《そうがや》砦・金丸山砦・青田山砦・長屋砦・曽我山砦・岡津砦(山崎砦)・笠町砦・塩井原砦・二瀬川砦・小笠山砦(以上、掛川市)等の陣城を築き、徐々に掛川城包囲網を狭めている。その砦群が、どのような構造をしていたかは判然としないが、『武徳編年集成』にわずかに関連する記述が見られる。相谷砦の記述で、永禄十一年十二月条に「味方ノ六備掛川ノ城下ニ迫リ御旗本ハ相谷ニ屯ヲ設ケ玉フ…」とあり、兵が駐屯する場所を設けたことがわかる。次いで、長屋砦の記述で、永禄十一年極月条に「桑田村ニハ酒井忠次、石川家成柵ヲ結テ守リケルガ…」とあり、柵で囲って守っていたと記されている。また金丸山砦では、永禄十一年極月条で「金丸山ノ附城ニハ本丸ニ久野宗能同二ノ丸ニ同佐渡宗憲、本間五郎兵衛長秀ヲ籠置ル」とあり、本丸と二の丸が存在する砦であったことが伺える。掛川城攻めにあたり、大小様々な砦群が構築されたわけだが、駐屯基地とするため、柵囲いで防備した砦、本丸・二の丸というように、複数の曲輪が存在した砦と、目的や場所によって、その構造がかなり異なっていたことが想定される。

これらの砦の中で、唯一発掘調査が実施された杉谷《すぎや》城から、これらの砦群がどのような構造をし、何を目的として築かれた砦であったのかを考えたい。城跡は、掛川城の南東約二キロに位置し、南北約一五〇×東西約一〇〇メートルの規模を持つ。明瞭に城郭施設として利用されたのは、標高約八二メートルの最高所に位置する南北約三五×東西約一〇メートルの主郭のみである。主郭は、東側を除きコ字状に土塁が築かれ、東側下段に二段の腰曲輪状の平坦地が残る。土塁は、明らかに西側に対する備えである。東から南側へ続く腰曲輪については、主郭への入口部分にあたるものと推定されるが、明瞭な遺構は確認されていない。北側尾根筋を幅七メートル前後の堀切と接続する竪堀によって遮断しているが、南側に位置する主郭とほぼ同規模・標高の頂部との間は、自然地形のままである。堀切は、北側に配された曲輪の西側を廻りこんで、北西方向へと落ち込んでゆく。主郭の土塁と堀切は、軸を合わせるように設けられており、西側谷筋からの攻撃を想定したようである。二の郭にあたるのが南北約二五×東西約八メートル測る主郭北側の曲輪で、南から北にかけて、五メートル程低くなってゆくが、最北端に三×五メートル程の高まりが見られる。土塁の痕跡ということも想定されるが、堀切を挟んだ北側対岸との間の橋台ということも考えられないことではない。仮に橋があったとしても、自然木を二〜三本程度並べただけの簡易的な橋であったと推定される。

小笠山中腹より見た掛川城

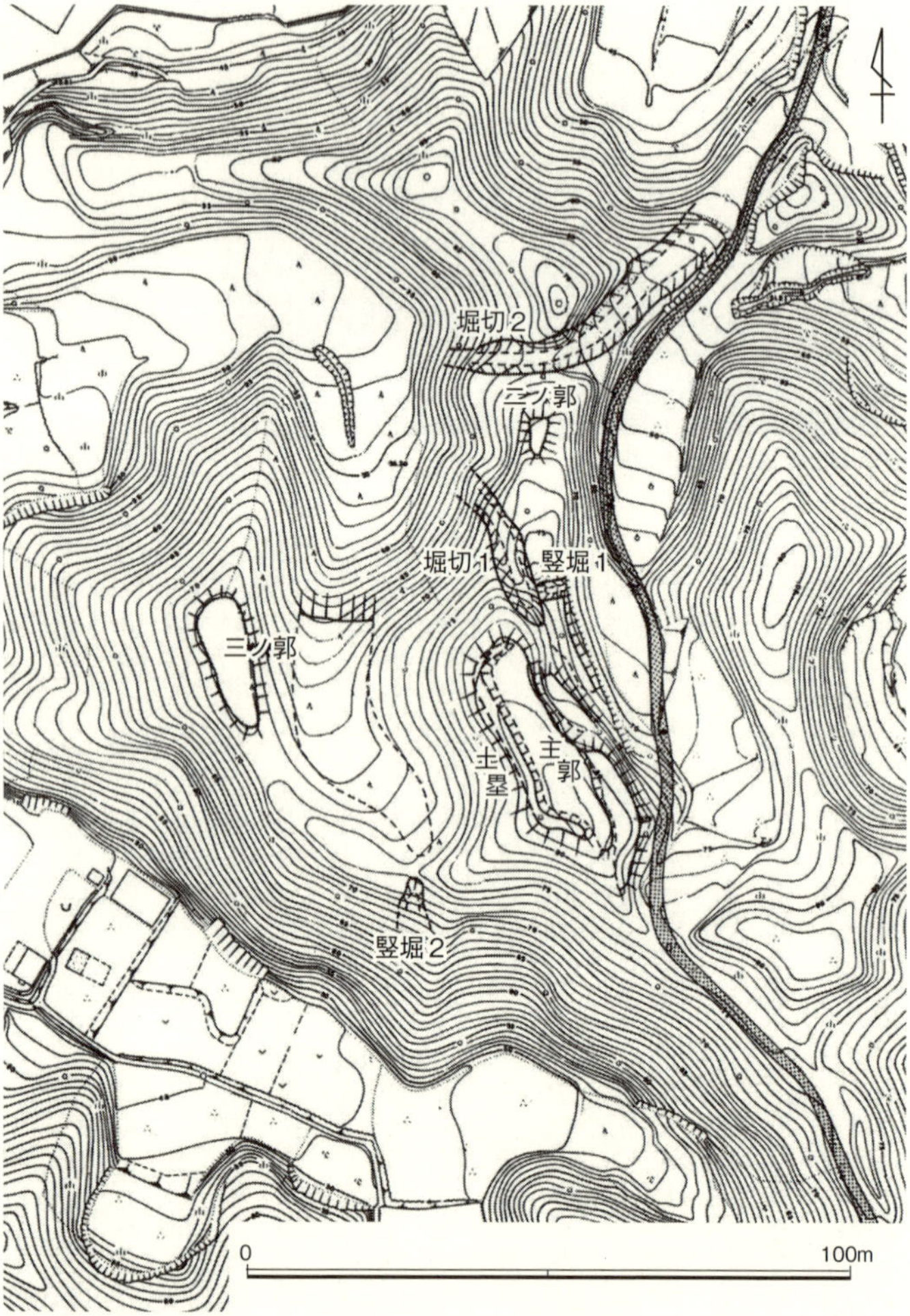

第７図　杉谷城概略図　（『東名掛川ＩＣ周辺土地区画整理事業に伴う埋蔵文化財発掘調査報告書Ｉ』2002　掛川市教育委員会より修正転載）

二の郭における人為的な痕跡は、この高まり部分のみで、他は自然地形のままである。従って、あくまで主郭を補完する予備曲輪であったことになる。二の郭北側に、城内最大の堀切（幅約一〇メートル・深さ六メートル）が見られるが、一部後世の道として利用されているため、当初の規模は判然としない。主郭に比較すれば、二の郭は南北を堀切で囲まれた独立曲輪となっている。二の郭を独立させることで、主郭は北側に対して、より強固な防備を有することになる。いずれにしろ、この堀切以南、主郭までが防御施設として利用された範囲であることは確実であろう。『武徳編年集成』に残る長屋砦や金丸山砦の記載とほぼ合致するような状況を呈している。従って、この両曲輪の周辺に柵等が廻っていたということになろう。

主郭の南西部に、小規模な竪堀が見られるが、これは主郭の西側対岸に位置する三の郭への通路を規制するものと考えられる。主郭から尾根上を通路として三の郭に至っていたことが想定される。しかし、二の郭と同規模の三の郭には、人工的な加工の痕跡は見られない。この三の郭と主郭に挟まれたなだらかな平坦地では、北側部分に人為的な削平が見られるが、近代の開墾に伴う削平の可能性も捨て切れない。しかし、竪堀の存在を考えると、何らかの利用があったとしても問題はあるまい。

東側対岸に位置する丘陵頂部も、人工的な加工の痕跡は見られない。ここから南側尾根上に至る斜面西側下段に三段の階段状の平坦地が存在するが、これは近代の茶畑開墾に伴い東側斜面を削り平坦地にしたもので、城郭施設に伴うものではない。

二の郭の北側に東西に広がる一〇〇メートル程の尾根筋があるが、ここには、西から三ヵ所の頂部が存在する。掛川城に対しては、最前線に当たるため何らかの人工的改変を想定したが、全くその痕跡は見られず、自然地形のままであった。特に二の郭の橋台状の遺構に対応する部分も完掘されたが、人為的改変の痕跡は認められなかった。この尾根筋の南側麓、三の郭との間に、やはり大規模な平坦地が存在している。ここも何らかの利用が想定される。

以上、杉谷城について概観してみたが、主郭・二の郭及び三の郭以外が、全く利用されていなかったというわけでもない。ただ人為的な痕跡が見られないということである。おそらく、北側に位置する尾根上の頂部や三の郭、東側尾根上の頂部などは、臨戦態勢下においては、見張りを兼ねて兵が置かれたという可能性は十分考えられる。

周辺域の地形を見ると、確実に城郭施設として利用された主郭・二の郭部分を中心に、北・西・東にそれぞれ同規模の尾根筋が展開しており、掛川城に面した北側尾根筋を遮断すれば、東西側は自然の谷地形となり独立丘陵状の地形を呈すことになる。南側の尾根続きを遮断していないことが、この城の目的を明瞭に物語っていよう。南側尾根上は、撤退ルートとして確保されていたと考えられる。杉谷城の西南側約五〇〇メートル離れた位置に青田山砦が存在している。青田山砦は、標高約一〇八メートルの山頂部を中心に展開する砦で、杉谷城より二〇メートル以上高い山塊を利用している。掛川城の南に構築されたのが、杉谷城と青田山砦で、この二城を持って南方の押さえとしていたのである。掛川城に籠城する今川方兵力を考えれば、南側に構築された二城を同時に攻撃することは、ほとんど不可能に近い状況であった。どちらかが攻められた場合、総力戦になる前に撤退し、敵方の退却を待つ程度の押さえとして考えていたのではないだろうか。双方の城が補いあうことによって、無駄な兵力の失うことをさけ、孤立する掛川城の南側の押さえをすることが徳川方の目的であったと考えられる。

もう一つの役割は、『武徳編年集成』の岡津砦のことを記した記述から想定される。「神君暫ク軍ヲ休メン為ニ兵ヲ収メント所々ノ附城ニ衛兵ヲ籠置ル、岡津村ノ山崎ニ久野三郎左衛門、本間五郎兵衛ヲオキ…」とあるように、暫くの間兵力を休息させる場所の確保である。杉谷城の主郭西と西北方面山麓部には逆L字状に広がる二ヵ所の平坦地が存在している。ここが、兵の休息場所として確保されていた可能性が考えられる。北側に広がる尾根によって平坦面は、掛川城からは死角となる。仮に敵方の攻撃があった場合、なだらかな平坦地を伝わり、さらに尾根筋を通って南側への撤退も可能なのである。その際、主郭から西側斜面に対しては、頭上攻撃が可能となる。主郭からの攻撃の間に、南側への撤収はほぼ完了すると思われる。そのために、主郭西側部分にのみ土塁が構築され、さらに南側尾根上を遮断しなかったのであろう。杉谷城は、青田山砦と二城でもって、掛川城南方の押さえとしての役割を担っていたのである。主郭及び二の郭を防御施設の中心として、堀切や土塁、柵で囲むなどして防御ラインを構築し、南方尾根筋を開け、退却ルートを確保していたことが想定される。また、防御施設西側から西北方面の山麓平坦部を駐屯地とした可能性も指摘される。いずれにしろ、臨戦体制の中で臨機応変な活動拠点として構築され、使用されたのである。その臨機応変な陣城は、ピークの二ヵ所程度を人工的に改変し、その他周辺域に展開する尾根筋などは、木を伐採して視界を確保し見張台として使用したということではないだろうか。杉谷城は、永禄年間後半期の徳川軍による陣城の形態を知るに貴重な城跡と評価される。六ヵ月後に掛川城は開城し、家康は遠江一円支配を確実にする。

第三章 駿河・遠江への侵攻

千頭峯城西曲輪東側の堀切

家康の遠江平定と信玄の駿河支配

遠江一国をほぼ手中にした徳川家康は、居城を三河岡崎城から遠江国内に移し、新領国の安定支配を図ると共に、東からの武田氏の脅威に備えようとした。家康は、遠江国府や守護所が置かれた見付の地に着目、永禄十二年（一五六九）秋に見付宿南の丘陵に築城工事を起こした。これが城之崎城（磐田市）で、見付に築かれた初めての本格的な城であった。しかし、この築城工事は、中途で中止されてしまう。見付の地は、天竜川より東に位置し、仮に信玄と戦うことになった場合、背後に川を背負う「背水の陣」となってしまうことを嫌ったためと言われる。こうして、新城は、天竜川の西側の引馬（浜松市）に造り直すことになった。戦略面の理由もあったと思われるが、見付は南に沼地が広がり地形的制約があり、町としての発展が見込めなかったということ、本国である三河との往来、同盟者である織田信長との連携を考慮した結果とするのが妥当であろうか。

築城途中で放棄された城之崎城であるが、絵図が残されており、どの程度の城だったのかが判明する。当時の、徳川の築城技術が推定されると共に、同時期に築かれ居城となった浜松城の姿も想像されよう。城は、北を除き周囲を沼地で囲まれた舌状丘稜を利用して築かれ、最高所に本曲輪、北に一段低く二の曲輪、さらに二の曲輪を取り囲むように一段低い三の曲輪が配され、東にも一段低く東の曲輪が置かれていた。本曲輪の四周を土塁で囲み、他の曲輪は外側三方に土塁

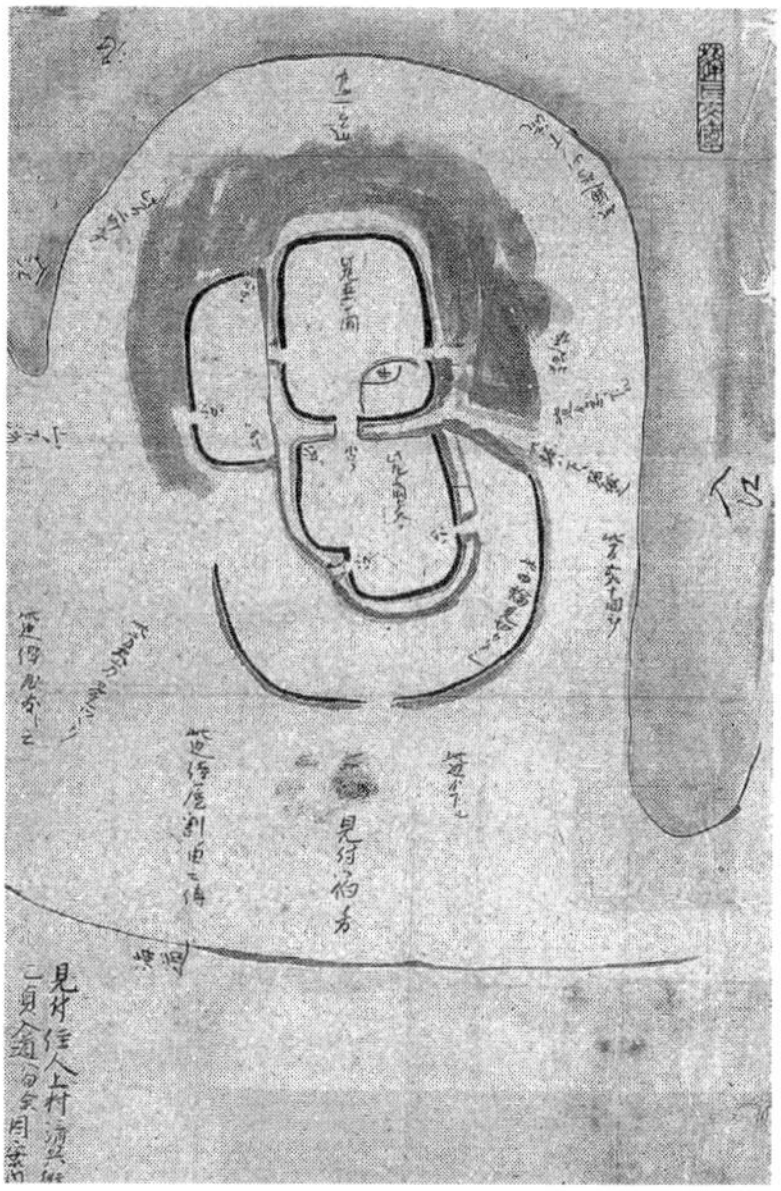

第８図　遠州見付城図　（蓬左文庫蔵）

が廻っている。本曲輪と二の曲輪の間には堀切を設け、中央に土橋が見られる。周囲は堀で囲まれていたようである。北側を通る東海道を見下ろし、城の東西には沼への入江も設けられていた。このように、交通の要衝を押さえる構えであるが、石垣は一ヵ所も見られず、曲輪も小さいうえに、丘陵下の平坦部も有効利用できるだけの面積さえ確保出来ない状況であった。居城とはいえ、全体的にその規模は小さく、未だ中世城郭の域を脱することのない姿であった。

家康が、新領国の支配の中心に定めた「引馬宿」は、国府見付をしのぐほどの賑わいを見せ、名実共に浜松荘の中心であった。城は、城之崎城同様で東海道を見下ろす台地端に築かれていた。戦国時代の天竜川は、大天竜と小天竜の二筋を本流とし、西側小天竜は、現在の馬込川のあたりを流れていたという。従って、引馬城は、小天竜を自然の堀とし、城の北に犀《さい》ヶ《が》崖《がけ》へと続く溺れ谷となった断崖地形、東から南にかけて低湿地が広がる要害の地に位置していた。この地に入った家康は、引馬城の西対岸の丘陵部に中心域を移し、さらに南へと拡張工事を実施し、旧引馬城も、東の備えとして城域に取り込んだ。城之崎城に比較し、数倍の規模を有し、平坦部には武家地を始め町屋が広がっていたと考えられる。城は、天正九年(一五八一)までの間、絶えず修築・増築が繰り返されたようで、普請をした記録が残る。家康は、同十三年までの約十五年間居城とした。

第一次駿河侵攻によって、武田信玄は、氏真を駿府より退去させ駿府占拠に成功する。だが、北条氏の軍勢によって駿府に閉じ込められたため、甲府に戻るのが精一杯で駿河を掌握するまでには至らなかった。武田軍は、興津城(静岡市)と久能《くのう》城(静岡市)に一部が残るのみという燦々たる状況で、駿河・甲斐との往環路確保が急務であった。そのために、北条氏の領国に次々と侵入し攪乱、永禄十二年、大宮城攻略に成功、遂に往環路を確保する。再び、駿河へ出陣した信玄は、蒲原城を攻め落とし入城、城を改修した。蒲原落城により、薩埵山砦に孤立した北条軍は自落する。再び、駿府に入った信玄は、西駿地域の攻略を開始、旧今川家臣が籠城する花沢城、徳之一色城を開城させ、河東地区を除く駿河の大半の領国化がなった。信玄は、駿河経営の拠点を清水に求め、巴川河口左岸のデルタ地形を取り込んだ江尻城(静岡市)の構築を開始する。水軍の掌握と、東海道の押さえ、併せて甲斐への利便性からの築城と理解されよう。

駿河がほぼ武田氏の領国となるに及び、河東地区が北条対武田の攻防の舞台となった。元亀元年(一五七〇)、黄瀬川に陣を敷いた信玄は、興国寺城や韮山城を攻撃した。翌年には、深沢

南から望んだ久能城址

城（御殿場市）攻めを開始、中山金山の金堀衆に本丸まで切り崩させるなどし、城に迫った。信玄は、援軍を断つため興国寺城を攻めて援軍を断ち、名高い「深沢城矢文」を放つなどし、降伏開城を求めた。孤立化を知った城主北条綱成は、遂に籠城を断念し開城した。信玄は、一旦帰国するものの、今度は遠江に侵入、高天神城を攻め、犬居城（浜松市）攻略に成功、北遠地域に足がかりを築き、三河へも兵を進めている。同年、北条氏康が没すると、武田氏と北条氏は「甲相一和」と呼ばれる同盟が復活し、駿東をめぐる両者の攻防は落ち着くことになる。

武田氏の駿河支配の拠点は、駿府から江尻に移された。江尻に城を築き、駿河支配の拠点としたのは、海上権を得たためで、その課題として、強力な水軍を編成しようとしたのであろう。第一次駿河侵入で、駿府に閉じ込められたという経験からも、甲斐との連絡の利便性、海上交通の使用が優先されたとも考えられる。今川配下の海賊衆岡部貞綱を中心に、北条水軍や伊勢水軍を招致して武田水軍は編成された。信玄は、駿河一国の領有下まで三年程度を要し、その後約一年で没してしまう。後を継いだ勝頼も、天正三年の長篠の戦で重臣のほとんどを失う程の大敗戦を喫し、家中の立て直しに奔走せざるをえず、駿河支配が安定することはほとんど無かった。武田氏は、新領国の支配に当たり、旧領主の支配権を認めるケースも多かったが、重要拠点については重臣を配したり、縁戚関係を構築したりして、その支配権を吸収してもいる。接収した城については、いずれも防備の拡充が図られ、今川時代に比較し、極めて強固な構造を持つ戦闘的な姿に変化している。この変化は、信玄死亡後の勝頼の代に実施された改修がほとんどで、県内に残る武田系城郭と呼ばれる城は、勝頼によったとするのが妥当である。従って、個別城郭については、次章で解説することとする。

信玄の遠江侵攻

大井川を境に、遠江・駿河を分割するという徳川・武田の盟約は、信玄の遠江侵入により反故となった。元亀二年、信玄は大井川を越えて遠江へと侵入。小山《おやま》城（吉田町）を落とし、高天神城に迫ったが、城主である小笠原氏の抵抗と天嶮に阻まれ退却している。その後、三河へと侵入し、足助《あすけ》城（愛知県豊田市）を攻め落とし、野田城（愛知県新城市）、吉田城に攻め寄せたが、徳川方の堅い守りの前に、力攻めすることなく退却した。この頃、南下を繰り返す武田軍に北遠を代表する国人領主・天野氏が恭順を示したようで、奥山氏もこれに従っている。翌年、「甲相一和」と呼ばれた武田・北条両氏の和睦がなり、さらに「山家三方衆《やまがさんぽうしゅう》」と呼ばれる奥三河を拠点とする作手の奥平氏、長篠の菅沼氏、田峰の菅沼氏が武田方となり、本格的な遠江・三河出兵の準備が整った。

遠江に向け、軍を発したのは十月のことで、信玄率いる本隊は伊奈谷から天竜川沿いに南下し、信・遠国境の青崩峠を越えて遠江へ入った。二万をこえる本隊が一気に峠越えをするのは難しく、おそらく隊を二手に分け、青崩峠の北東二キロの峠、ヒョー越峠も利用したと考えられる。この時、犬居城主の天野宮内右衛門尉（景貫）が峠まで出迎え、その後の道案内を務めている。この国境にある奥山荘を治めていたのが奥山氏で、その居城である高根城の発掘調査が実施され、その姿が判明している。城は、国境警備と安全確保のために武田氏の手によって改修されており、信玄の国境越えに備えたと理解される。遠江に入った武田軍は、天野氏の居城・犬居城を経由し、只来城《ただらい》（浜松市）を落城させると、そのまま北遠江の徳川方の拠点である二俣城へ攻め入ることなく、大きく東へ迂回し、天方城、飯田城（森町）を落城に追い込んだ。さらに各和城（掛川市）も落とし、久野城に迫った。しかし、久野宗能が徹底抗戦、城も湿地帯に囲まれた要害に位置していたため、信玄は城攻めを中止し、先に進んでいる。信玄は、木原縄手（袋井市）、三箇野（磐田市）で、偵察に来ていた徳川軍と衝突、小競り合いとなっている。徳川軍は、浜松城へと退却するために見付宿に放火し武田軍の混乱を誘おうとしたが失敗、一言坂《ひとことざか》で追いつかれてしまう。ここでの戦いでも徳川軍は敗北を喫してしまうが、殿軍を務めた本多平八郎忠勝が獅子奮迅の活躍を見せ、徳川軍の敗走を助けた。その見事な武者ぶりを見た武田の諸将は、「家康に過ぎたるものが二つあり、唐の頭に本多平八」といいはやしたと伝わる。一言坂で徳川軍を破ると、信玄は軍を北に返し、二俣城攻めのため合《ごう》代島《だいじま》（磐田市）に陣を張った。信玄本隊が、只来城から真っ直ぐに二俣城へ向わず、大きく東に迂回し、掛川・袋井・見付を通り二俣城へ攻め入ったのは、浜松城と掛川・高天神両城を分断するための作戦であったと言われる。信玄が、浜松城攻めを考え、支城からの出兵を遮断しようとした行為ということになる。事実、その後両城からの援軍は出兵することが出来なかった。

一言坂の戦跡

　信玄本隊と別行動をとった秋山信友は東美濃へ侵攻し、信長の叔母が守る東美濃の要衝岩村城（岐阜県恵那市）を攻め落とした。東三河へと侵攻した山県昌景は、長篠に陣を張り、野田城に放火、さらに柿本城（愛知県新城市）を陥落させ、伊平《いだいら》（浜松市）に駐屯し、やがて本隊と合流する。

二俣城の位置する二俣の地は、信濃、東三河、掛川、見付、浜松へと続く街道の合流点であり、さらに天竜川水系の水運の拠点でもあった。ここを押さえることは、遠江の交通の要衝を押さえたと同じで、浜松を居城とする家康にとって喉元に刃を突き付けられた状態となる。十月下旬より、武田勝頼を総大将に二俣城攻めが開始されたが、城は容易に落ちなかった。規模こそ小さいものの、天竜川と二俣川の合流点の台地上に位置し、北を除く三方を川が流れ、斜面は河川によって削り取られた断崖で、取りつくことすら不可能であった。唯一の陸続きの北側には、広大な規模の堀切が配され、城に近づくことも難しかった。まさに、天然の要害だったのである。

清龍寺の二俣城復元井戸櫓

攻めあぐねた武田軍は、水の手を絶つ戦法に出ようとしたが、水の手が解らず手詰まりとなった。しかし、そのうち城兵たちが滑車を使って川から直接水を汲んでいることが判明する。武田軍は、上流からいくつも筏を流し、井戸櫓に激突させ破壊することに成功。水の手を絶たれた徳川方の中根正照らは、二ヵ月近くも籠城に及んだが遂に降伏開城した。二俣城に入った武田軍は、直ちに修築を実施し、信玄の重臣・依《よ》田信守《だのぶもり》・信蕃《のぶしげ》父子を城番とし、本隊は西に向け出発する。

二俣城を出た武田軍は、天竜川を渡り、秋葉街道を南下、浜松城へと向かうかに見えたが、途中で西に向きを変え三方原台地を登り、大菩薩山に陣を張った。その後、西進し祝田《ほうだ》から井伊谷を経て、本坂峠を越えて東三河を目指す構えを見せている。浜松城に籠っていた家康は、信玄が浜松城攻めを放棄したことで、「三河・東美濃に兵を進める」ことこそが本意かと思い始めたと『三河物語』に記されている。信玄は、二俣城攻めに二ヵ月を費やしており、さらなる行軍の遅れを懸念したのであろう。家康を城からおびき出し野戦で勝負することをねらい、浜松城を無視し、軍を進めた。この武田軍の動きに対し『三河物語』や『浜松御在城記』では、「武田軍が城下近くを通るのに、それに手も出せないようでは、後世笑いものにされてしまう」と家康は激怒し、合戦に向かったと言う。これも理由の一つであろうが、それとは別に信長の元へ向かう武田軍の進行を遅れさすこと、さらにその軍勢に多少なりとも打撃を与え、同盟者の窮地を救おうとしたのではないだろうか。さらに、武田軍の南進により、武田領近くの国人層がこぞって武田方となるのを恐れたとも考えられよう。いずれにしろ、事態は信玄のシナリオに沿って進んだことは間違いない。

徳川軍は八千、信長からの援軍が三千、合せて一万一千の兵を率い、家康は城を打って出た。地形を知りつくした地元の利を生かし、背後から武田軍を急襲しようと兵を進めたのである。これに対し、二万五千の武田軍は、根洗い松近くに本陣を置き、隊を揃え待ち構えていた。戦いは、夕方に開始され夜に及んだ。当初は、五角にわたりあっていたが、兵力差はいかんともしがたく、遂に総崩れとなり退却することとなった。武田軍の追撃を受けた家康は、「まん丸に成て除せ給ふ」（『三河物語』）と、家康を取り囲むように守りながら逃げたようである。家康を救うために、夏目吉信が身代わりとなり討死、かろうじて浜松城へと逃げ帰った。城へ逃げ帰ったものの、後から逃げ帰って来る残兵が多く、城門を開け放ち、篝り火を焚いて備えたのである。その行為が、後に山県昌景・馬場信房があまりの無防備さに計略を恐れ退却したとの伝承を生み、さらに酒井忠次が太鼓を打ち鳴らしたとのお鰭までがついたのであろう。徳川軍は、命からがら逃げ帰り城に籠ったが、大久保忠世・天野康景の二人が、城中に残っている鉄砲をかき集め、一〇〇騎程で信玄本陣に夜襲をかけ、慌てふためいた武田軍が犀ヶ崖に転落し、少なからずの損害があったと『三河物語』・『浜松御在城記』には記されている。結局、三方原の合戦は、徳川軍が一千余名を打ち取られ、武田方はほとんど損害なく終わったのである。

勝利した武田軍は、刑部まで進みここに陣を張り一〇日程滞在した後、三河へと侵攻し、野田城を取り囲んだ。野田城を開城させると、武田軍は西へ進むのではなく、北に進路を変更、長篠を経て鳳来寺で二ヵ月余り滞在することになる。これは、信玄の療養に伴うもので、その後甲府へと帰陣するが、途中駒場《こまんば》（長野県阿智村）で、病没したと伝わる。信玄は、「三年間、喪を秘せ」と遺言したと『甲陽軍鑑』に見られるが、すでに一ヵ月後には信長や家康の知るところとなっている。家督は勝頼が継ぎ、遠江・駿河をめぐる抗争は、家康対勝頼に移ることとなった。

信玄侵攻に備えた家康の築城

信玄の南進行動は、元亀年間の時点で予想された出来事であったため、当然家康は対抗手段を講じたものと推定されるが、記録等には残されていない。家康は信玄の侵入ルートを、伊奈谷から天竜川を南下するケース、奥三河から本坂峠・宇利峠・陣座峠を越えるケースを想定していたことが残された城跡から判明する。信玄侵攻を予測し、改修されたことが確実な城は、宇津山城、千頭峯城、三岳城、大平城で、かなり明瞭な改修痕が残る。堀江城も同時期の改修が推定されるが、近代のホテル・遊園地の建設により、城跡の遺構を見出すことは難しい。

現状でも、改修が判明する四城から、この時期の徳川の城の特徴を見ておきたい。まず、宇津山城であるが、永禄十二年(一五六九)に今川氏より奪還すると、松平家忠を城に入れ番普請を命じている。この時点では、信玄と対立しておらず、奥三河から浜名湖北岸へのルートである宇利峠越え、本坂峠越えの安全確保と、浜名湖の海運掌握が目的であったと推定される。元亀三年(一五七二)、奥三河からの武田軍の侵攻に備え、千貫文を持って松平清善《きよよし》を入れ、城を守備させた。今川氏真による改修は、西側高山の取り込みであった。家康は、西側高山については、今川時代の曲輪を再利用しつつ、土塁の拡大と、竪堀規模の拡張を実施し、より強固な防御ラインを構築した。東側城山は、湖岸からの攻撃に備え、堀切を巨大化し、曲輪群の独立を図ると共に、北側に対し土塁を構築し備えている。高山手前の堀切は消滅しているため、その規模は推定する

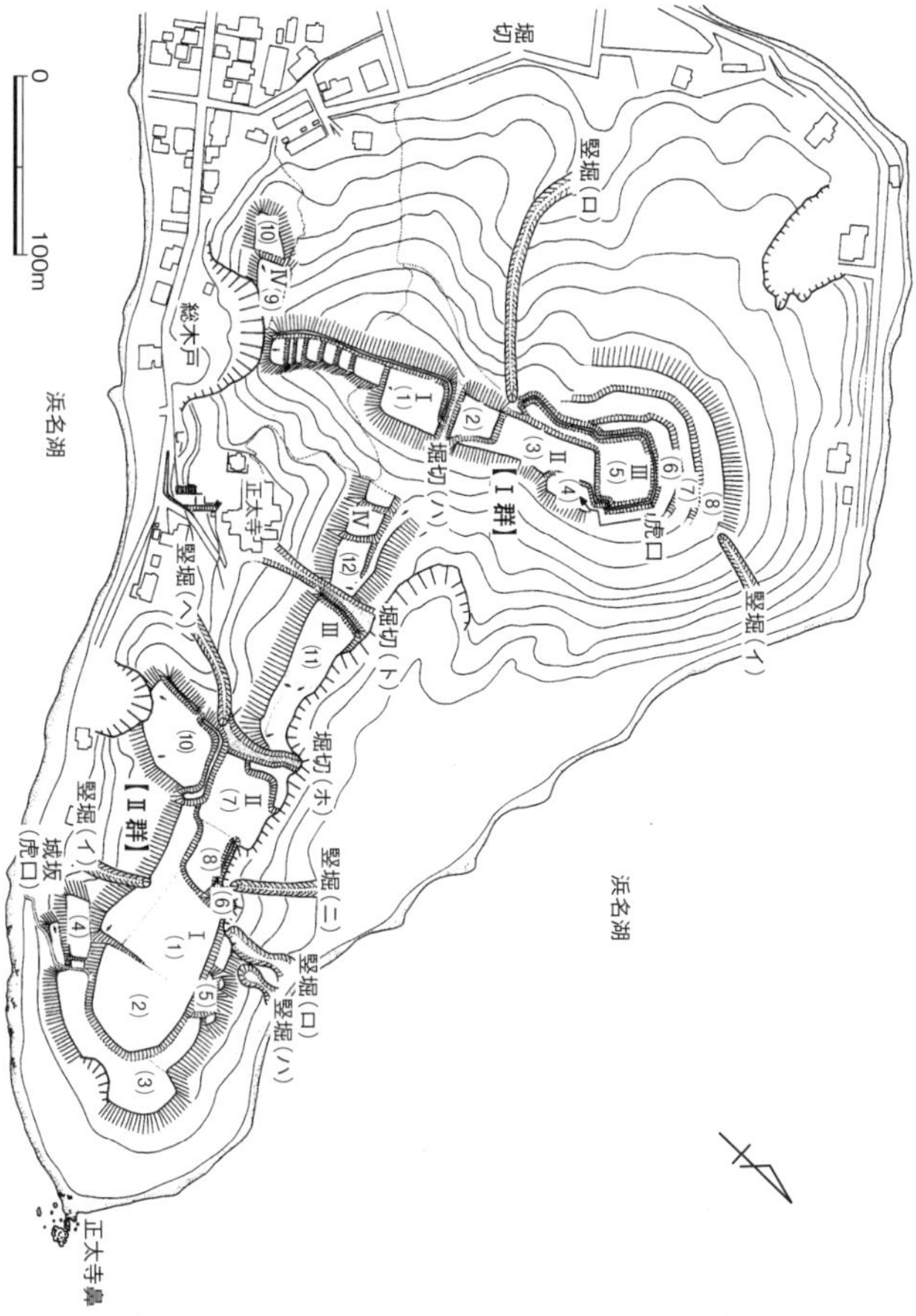

第９図　宇津山城跡概要図

しかないが、城内と城外を区切る目的を持った第一防御線であったため、かなりの規模が想定されよう。第二防御線が、曲輪群の西側に構築された二五〇メートルにも及ぶ土塁で、ほぼ中間点に竪堀と堀切が配され、南北曲輪群の独立がはかられている。曲輪は単純に中央部ピークから、階段状に配されており、南北曲輪群の北端曲輪が東側城山方面を除き、土塁囲みの厳重な構造となっている。曲輪配置からも、高山全体を盾状の防御施設として利用しようとしたことが看取される。城山は、高山に比較し、曲輪配置も複雑で、中央曲輪の西北隅に天守台と呼ばれる櫓台状の曲輪が残る。東・南側に土塁状に伸びL字型を呈しており、ここに中枢機能がおかれたようである。万が一の際は、西南端に設けられた城坂と呼ばれる通路を使用し、海岸に下り、海路浜松へと退却しようとする意図が見られる。このように強固な防備を施したにも関わらず、武田軍の別働隊は猪鼻湖北岸を通る宇利峠ルートを使用したため、戦闘に巻き込まれることはなかった。

宇利峠、本坂峠越えの街道を眼下に見下ろす場所に築かれたのが千頭峯城で、南北朝期の同名城郭の比定地である。「南北朝の城の姿」で触れたように、あまりに南北朝期に築かれた城の要件を満たしていないため、記録に残る「千頭峯城」は、近辺には違いないだろうが、もう少し険しい山の要害、中千頭峯あたりに築かれていたとするのが妥当である。現在、ここに残るのは戦国期の姿としか言いようがない。城は、山頂本曲輪を中心にT字状に伸びる尾根筋を利用し、街道を見下ろす南西側を正面としていることから、宇利峠・本坂峠を越えて侵入する敵に備えた城と理解される。城内最大規模の本曲輪を中央に、西から北、東へと取り巻くように二の曲輪が、

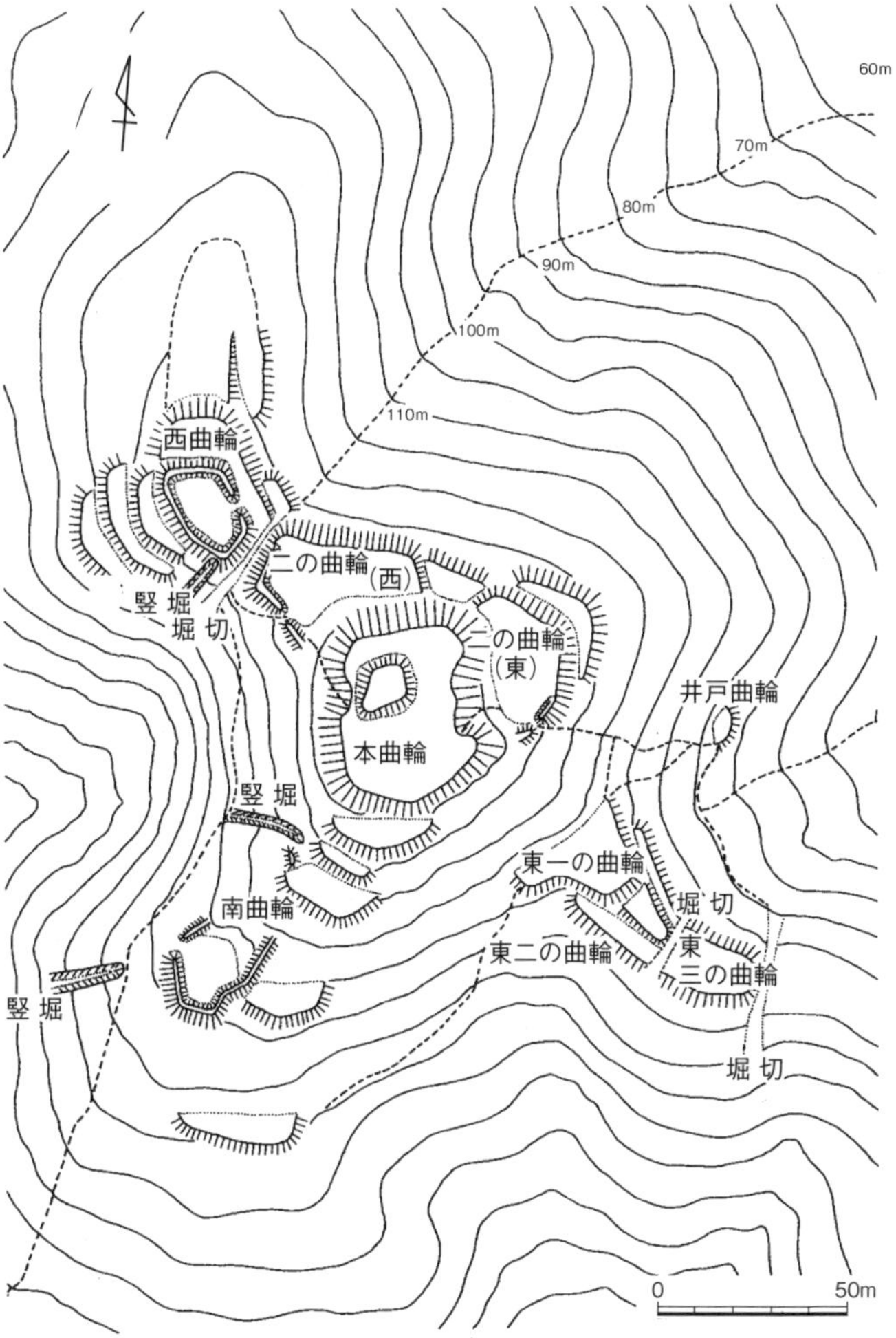

第10図　千頭峯城跡概要図

東下には階段状に三段で構成された東曲輪、西下には堀切を挟んで土塁で四周を囲いこむ西曲輪、南側に階段状の曲輪が連続する南曲輪が配されていた。また、南東中腹に素掘りの井戸が残り、井戸曲輪と総称されている。城跡に残る堀切は三条で、東曲輪と城外を区切る堀切が最も規模が大きく、ついで二の曲輪と西曲輪間に配された堀切となる。土塁も多用され、西曲輪は四周を、南曲輪には三方を土塁で囲まれた曲輪が見られる。また、西曲輪から本曲輪へと延びる城内道を規制するL字を呈す土塁、二の曲輪東虎口の両脇にも土塁が見られる。発掘調査で、二の曲輪と西曲輪から、大窯第1段階（十五世紀末〜十六世紀前葉）の陶磁器が出土している。堀切によって主要部を遮断し、さらに重要曲輪の周囲に土塁を用い、曲輪の独立性を保たせようとはしているが、西側尾根筋を遮断する箇所に堀切が見られない。

三岳城は、奥三河の要衝・長篠城から、陣座峠を越えて井伊谷に至る街道を見下ろす標高四六七メートルの山頂部を利用して築かれた山城で、南北朝期の山城の再利用として問題ない。交通の要衝に位置する城のため、今川氏対斯波氏の遠江をめぐる攻防の折も、今川方によって再利用されている。城は、山頂本曲輪を中心とした曲輪群と、鞍部（堀切か）を挟んで東側に展開する曲輪群とに分けられる。本曲輪西斜面に設けられた二段の土塁と堀が徳川の手によった施設と考えられ、堀を掘った残土を外側に盛って土塁を形成している。発掘調査が未実施のため、本来の規模や構造は判然としないが、基盤を掘った際に出てきたであろう石材も利用しており、一部に石塁のような箇所も認められる。現状では、上下段共に、両サイドに廻り込むようにU字を

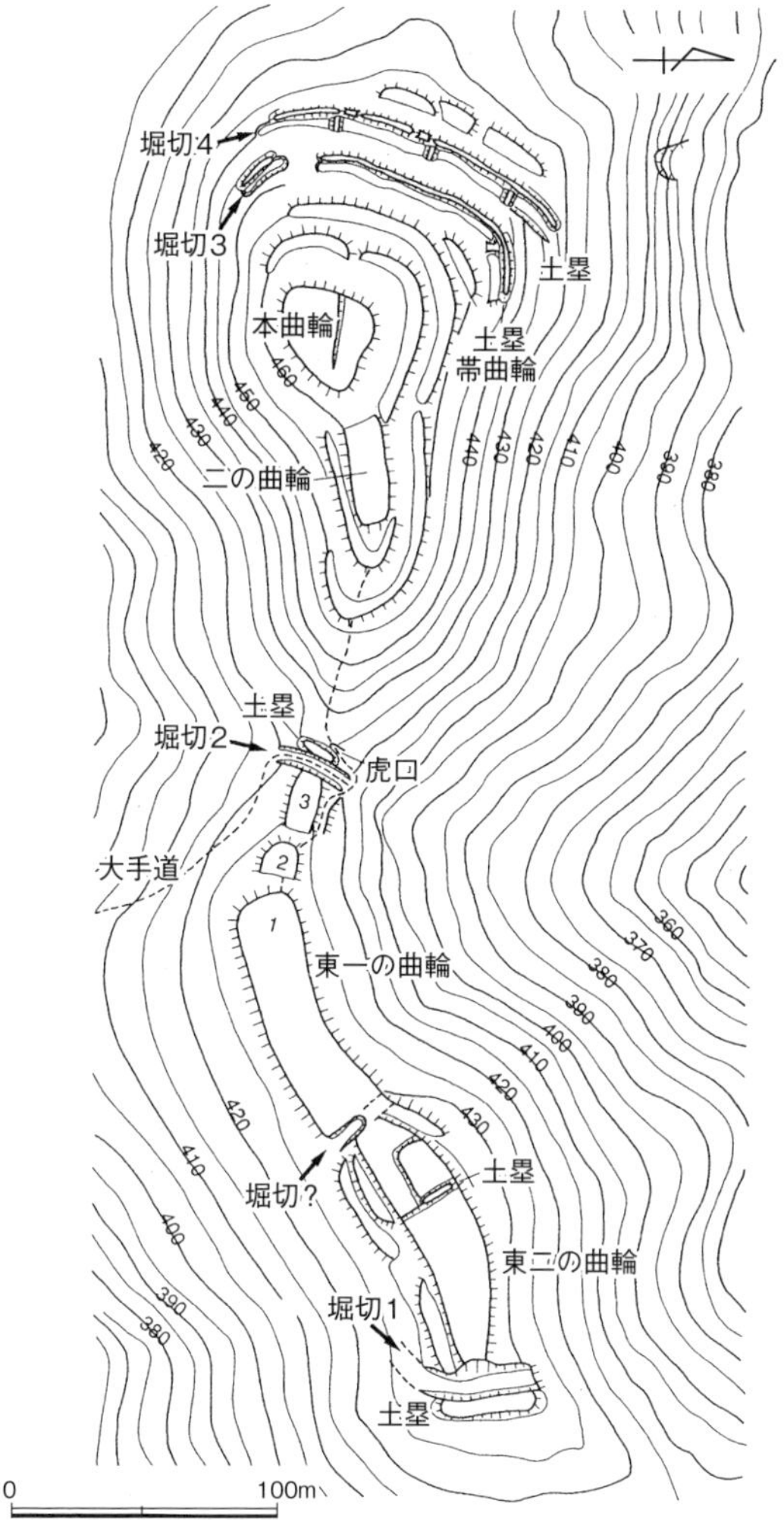

第11図　三岳城跡概要図　（作図：松井一明）

呈す構造で、総延長は共に一〇〇メートル前後の規模である。西側街道よりの攻撃を想定した施設として問題あるまい。東曲輪群は、徳川段階で付設された曲輪群で、二〇〇メートル程の平坦部を曲輪とし、中央部の最高所近くに土塁と堀切が見られる。最大の堀切は東端にあり、幅約一〇メートルを測り、残土を外側に積んで土塁としている。曲輪と想定される平場の造成度は低く、防御施設も極めて少ない。兵の駐屯のための追加造成の可能性も捨てがたい。

大平城は、二俣から浜名湖北岸地域を抜けて奥三河へ続くルートを押さえる拠点で、南北朝期城跡比定地である。標高約一〇〇メートルの最高所と、鞍部を挟んだ東尾根が利用されていたようで平坦部が広がる。主郭と推定される頂部からは、十三世紀から十六世紀までの遺物が採集され、さらに主郭北下には中世墓の可能性が高い集石が集中する。試掘調査が実施されたが、人為的な造成の痕跡は見いだせず、自然地形のままであった。ここには、四条の堀切が残り、その外側に土塁状の高まりが見られる。北側尾根筋を遮断する堀切は大規模であるが、その他は小規模である。堀切の存在によって、徳川氏の再利用が想定されるが、平坦地はほとんど自然地形で、人工的な造成痕は認められない。同時期の改修と考えられる宇津山城・三岳城・千頭峯城と比較しても、明らかに防御構造は弱い。街道は、城の真下を通りつつ横切るように続いているため、臨戦時に街道を通過する敵兵を攻撃するための陣所的役割が想定される。

以上、武田氏の遠江侵入時に改修を受けたと考えられる城を列記してみたが、城ごとにかなり防御構造に違いが見られる。堀切、土塁によって、防御機能の拡充を図る点は共通するが、曲輪防備のために土塁で囲むのは、宇津山城、千頭峯城のみで、両城とも主郭ではなく、城内道の要所に用いている。むしろ、階段状に曲輪群を増やすことで、対応したかのようでもある。これらの城は、備えとして築かれはしたが、実際に信玄南下の際には、全く機能していない。それは、信玄主力部隊が、犬居城から掛川・袋井方面を転戦しつつ、浜松城を攻撃目標とするような動きを見せたためであろう。浜名湖北岸から奥三河に侵攻する時、すでに三方原合戦で大敗しており、城への戦力配置が出来なかったとするのが妥当である。家康の、信玄侵攻に備えた城郭群は、信玄の巧みな戦術によって、全く機能しなかったことになる。

家康の反転攻勢

武田軍が甲府に引き返すと、すぐさま家康が軍事行動を起こす。信玄の死を確認するかのように、駿河に攻め入ると、矛先を二俣城へ向ける。家康にとって、いかに二俣城が重要かを示す行動である。家康は、社山・合代島・和田ヶ島（浜松市）に砦を築き、二俣城攻略の備えとした。こうした家康の反撃に対して、勝頼は二俣城の北に位置する光明城《こうみょう》（浜松市）の守備にあたっていた天野藤秀に、穴山信君との連絡を密にして守りを固めるように命じている。家康は、さらに動きを加速させ、三河へ侵攻し長篠城を攻めた。こうした中、武田方となっていた作手城（愛知県新城市）主奥平貞能・信昌父子の徳川帰参を契機に、情勢は家康有利に展開、遂に長篠城が開城し、奥三河の拠点奪還に成功したのである。これに対し、勝頼も遠江に侵入、浜松城下に放火し、久野城・掛川城を攻撃し、退却している。

翌二年、二俣城の孤立化をねらい、天野氏の居城・犬居城攻めを敢行する。腰兵糧で出撃したが、大雨による気田川の氾濫に立ち往生し、兵糧が尽きてしまう。徳川軍は、城攻めをあきらめ森方面に向け兵を引くが、田能・大窪（ともに森町）付近の谷間で、突然天野軍の攻撃にあい、多数の兵を失った。こうして、第一次犬居城攻めは、失敗に終わったのである。

東南より見た高天神城跡

同年、勝頼は「高天神を制す者、遠江を制す」と呼ばれた高天神城に攻め寄せた。父・信玄も落とすことのできなかった難攻不落の堅城を包囲し、激しく攻めたてた。城主・小笠原氏助（信興、軍記物では長忠）は徹底抗戦しつつ、家康に援軍要請をする。しかし、信長軍の救援部隊の遅れもあってか、家康も出陣出来ずにいた。その間に、武田軍は執拗に攻撃を繰り返し、本丸・二の丸・三の丸際まで迫った。籠城一ヵ月余も過ぎ、援軍到来の知らせもないため、氏助は開城を決意、勝頼は父信玄が落とせなかった堅城の奪取に成功する。氏助が、引き続き城主をつとめたが、城番として勝頼の家臣・横田甚五郎尹松《ただとし》が城に入った。高天神城を手にした勝頼は、中遠から東遠に確固たる基盤を持つことになったのである。家康は、高天神城に備え、馬伏塚城を改修し、大須賀康高を入れ、対抗する。

連吾川沿いに復元された馬防柵

　天正三年、家康は奥三河確保のために奥平信昌を長篠城に入れ、改修を実施すると、勝頼は光明城の守りを固めさせている。さらに、奥三河へ侵入し、野田城・吉田城・二連木城と次々に攻めたて、最終的に長篠城を取り囲んだ。一時武田方となったにも関わらず、徳川に帰参した奥平氏が籠るとあって、武田軍は激しい攻勢をしかけた。しかし、寒狭川と豊川の合流点の天嶮に築かれた城だけに、容易に本丸近くまで迫ることは出来なかった。長篠城からの救援要請を受けた家康は直ちに信長に連絡、織田・徳川連合軍は三万八千の大軍で長篠へと向かった。迎え撃つ武田軍は、一万五千、両軍は連吾川の流れる谷を挟んで対峙し、戦闘が開始された。連合軍は武田軍に備え、馬防柵を設置、三千丁の鉄砲（異説有り）を三段に分け、絶え間なく銃撃を繰り返し、武田軍を壊滅状態に追い込んだ。この戦による戦死者は、連合軍六千、武田軍は馬場信房・山県昌景・内藤昌秀・真田信綱等の重臣を含め一万二千名余であった。勝頼は、わずかの共廻りに守られ高遠城まで退却するのが精一杯であった。

家康は、長篠大勝利の余勢をかって、一気に北遠地方から武田勢力を駆逐しようと、二俣・光明両城攻めを開始する。すでに、前年より二俣城の備えとして三砦を築いていたが、さらに包囲網を狭めるために毘沙門堂・鳥羽山・蜷原《になはら》に砦を構築し、和田ヶ島と併せて、四方から包囲した。また、二俣城の後方支援の役割を担っていた光明城には、本多忠勝・榊原康政等旗本勢が突入し、一気に落城させている。これにより、二俣城は補給路を断たれ、完全に孤立した。

西遠江で窮地に追い込まれた勝頼は、中遠・東遠地区を死守すべく、諏訪原城・湯日《ゆい》城・小山城・滝境城・高天神城の防備を固めた。特に諏訪原城・小山城・高天神城の三城を遠江防衛線の要として考えていたようで、山県昌満宛の書状の中で「諏訪・小山・高天神の用心簡要に候」と注意を促している。だが、家康の勢いは、衰える気配を見せず、まもなく諏訪原城が落城、そのまま小山城へと攻め寄せている。救援に赴いた勝頼は、小山城に入城すると、防備強化のための普請を実施、高天神城に兵糧を運び入れた。諏訪原城を奪取した家康は、牧野城と名を改め、今川氏真を城主とした。これは、旧駿河国主を前面に押し立て、武田から駿河を奪い返すという大義名分を示すためであった。さらに、諏訪原城を駿河侵攻の拠点とするため、松平家忠・康親を入れ、大規模な改修に乗り出した。『家忠日記』には、普請の記録が続くようになる。一方、四方を囲い込まれ、孤立した二俣城では、城主依田信蕃以下、耐えに耐えたが兵糧も乏しくなり、半年後に開城降伏した。二俣城奪還に成功した家康は、重臣・大久保忠世を城主とし、天野氏と対峙させることになる。翌天正四年勝頼は、軍役条目などを定め南信濃から北遠地域の諸城を固め、家康に備えている。二俣城を奪還した家康は、北遠から武田勢力を駆逐すべく、再び犬居城攻めを敢行。『三河物語』によれば、まず犬居山中の樽山城（浜松市）を落城させ、駿河から川根を越えて北遠に至るルートを封鎖する。これにより、犬居城主の天野藤秀は、本拠を捨て犬居山中の最北端に築かれた勝坂城（浜松市）へと籠城し抵抗を試みた。しかし、犬居山中の城はことごとく落とされ、徳川軍が尾根づたいに迫り来ると、城から撤退してしまう。ここに、北遠山中から武田勢力は一掃されることになる。この天野氏との戦闘に備え、徳川軍の陣所として利用されたと考えられるのが堀内の城山（浜松市）である。犬居城の対岸に位置し、天野氏の動向を監視しつつ、牽制する役目を担ったと推定される。なお、犬居攻めの年次であるが、『三河物語』では、天正四年とあるが、小和田哲男氏は、天正三年の領家郷に宛てた家康の禁制から、天正三年のこととしている。

北遠江から武田勢力を駆逐した家康は、高天神城奪還をめざし行動を開始する。だが、北遠地域の支配を確実にし、奪還した諏訪原城を改修し東海道を押さえたことで、高天神城の脅威は大きなものでは無くなった。馬伏塚城にあった前線基地を、岡崎の城山（袋井市）、そして横

馬伏塚城跡南曲輪群を見る

須賀城と、より敵方近くに移動し、さらに掛川城攻めの陣所にも利用した小笠山砦を改修し、南北から城を挟みこむようにしている。また、大井川を越えて田中城を攻撃するなど、武田勢力に揺さぶりをかけたのである。この間、上杉謙信の跡目をめぐる御館の乱が勃発する。介入した勝頼は、甥景勝側となり、北条家からの養子景虎と敵対した。最終的に景勝が勝利すると、北条・武田同盟は崩壊、北条氏は家康と手を結ぶことになる。この結果、駿・遠をめぐる攻防だけでなく、駿・豆方面でも新たな対立が生じてしまう。

　天正八年、家康は高天神城の本格的奪還作戦を開始した。家康は、掛川城攻め、二俣城攻めと同様に、高天神城の周辺に六砦(小笠山砦・能ヶ坂砦・火ヶ嶺砦・獅子鼻砦・中村ノ砦・三井山砦)を構築し、孤立化させる作戦に出た(六砦の他に、風吹峠砦・毛森山砦・安威《やすたけ》砦の名も見られる)。最前線基地は、同六年に完成し、大須賀康高が守る横須賀城とし、家康の陣所は安全面から後方の馬伏塚城とした。翌九年、勝頼の援軍到着の見込みもなく、兵糧も底をつきはじめ、遂に高天神城主岡部長教《ながのり》から矢文による降伏開城の申し出があった。家康がこれを拒絶すると、兵糧が尽きた二ヵ月後、城兵が一気に討って出た。死者七三〇余を数え、堀が死者で埋まったと記録される壮絶な戦いによって、高天神城は落城したのである。同時期、勝頼は駿豆出兵に勢力を裂かれていたため、援軍要請に応えることが出来なかった。

高天神落城によって、一気に駿河侵攻の気配が増す中、穴山信君は、遠江に残る武田軍に対し、城普請など防備を固めさせることになる。一方、家康は残る武田方の拠点小山城攻めのため、相良に砦構築を松平家忠に命ずる。勝頼は、北条との抗争の中、戸倉城（清水町）へ押し出し攻め寄せた。当初苦戦を強いられたが、城主笠原氏の寝返りにより城の奪取に成功、勝頼は甲斐へと引き上げている。翌天正十年、満を持した信長は、木曾義昌が勝頼に反旗を翻したのを契機として武田攻めに動き出す。駿河口から徳川家康、関東口から北条氏政、飛騨口から金森長近、信州伊奈口から本隊である織田信忠が進軍、後に信長が進んだ。家康は、武田軍が退去した小山城・田中城を経て、持舟城を攻めると、城主朝比奈氏は久能城へと敗走した。氏政は、戸倉城を攻め、武田軍を全滅させている。信濃では、高遠城が激しく抵抗するものの、やがて落城。駿河では、武田氏一族の穴山信君が離反し、徳川方となったため、駿府に酒井忠次、江尻に本多重次を置き、甲斐へと侵攻した。事ここに至り、他の軍勢も無人の野を進むごとく甲斐へとなだれ込んだ。勝頼は、前年に築いた新府城（山梨県韮崎市）へと逃げ込んだが、形勢不利のため山中へ逃げ込み天目山にて自害し果てた。ここに、名門武田氏が滅亡したのである。

武田滅亡により、駿河・甲斐・信濃・上野を版図に加えた信長は、北条氏に伊豆国をはじめ関八州を安堵、駿河一国は家康に与えられた。その他遺領は、信長配下の武将に分け与えられている。武田氏が滅亡した後、家康と信君は安土に増領の御礼言上に赴き、信長の供応を受けるが、突如本能寺の変が勃発。信長・信忠父子は自害、家康と信君は、伊賀越えで三河へ脱出したが、別行動をとった穴山信君は土民に襲われ殺害されてしまう。畿内では、備中高松より「中国大返し」と呼ばれる神業的行動で戻った羽柴秀吉が、逆心明智光秀に勝利した。信長の弔い合戦に間に合わなかった家康は、本能寺の変により無政府状態になった甲斐・信濃両国の平定に乗り出した。甲斐の支配権をめぐっては、北条氏と抗争になったが和議が成立し、家康は、甲信両国の支配権を得た。本能寺の変後の混乱に乗じて家康は、三河・遠江に加えて、駿河、さらに甲斐・信濃までも版図を拡大し、たちまち五ヵ国を領する大大名にのし上がったのである。領土拡張は、家康に大きな発言力を与えることとなったが、さらに家臣団が充実したのも大きい出来事であった。三河譜代衆と、遠江旧今川家臣団で編成されていたが、そこに駿河旧今川譜代衆、併せて駿河・甲斐の武田旧臣が加わったのである。武田旧臣を多数召し抱えたことが、徳川の築城術に大きな影響を与えることとなった。

第四章 徳川の城、武田の城

諏訪原城二の曲輪馬出を見る

駿河・遠江に築かれた武田の城

駿河支配を確実にした信玄は、その拠点を駿府から江尻に移している。城は、水運を押さえ利用するために清水平野の中央部を流れて折戸湾へ注ぐ、巴川の右岸微高地を利用して築かれた。天正七年（一五七九）に穴山信君が大改修を施した記録が残る。城跡は、市街地化し、遺構は見られない。明治期の地図や大正期の古写真等から、巴川沿いに本丸を置き、その外側に水堀を挟んで二の丸、三の丸が取り囲むような構造が推定される。各曲輪は大規模な土塁で囲まれ、堀は巴川の水を引き大規模であったと思われる。『主図合結記』等では、二の丸の北・東・西に丸馬出が描かれている。内部構造については、穴山信君が高山飛騨守に宛てた江尻城造作覚の朱印状から「西楼・矢倉・塀・出矢蔵・土井（土塁）」等が存在したことが判明する。特筆されるのは「観国楼」と呼ばれる「百尺の城楼」、鐘楼であり望楼が存在したことで、この建物には「観圀」の額が掲げられていたという。

永禄十一年（一五六八）の武田軍の駿河侵攻によって、武田方となり改修を受けた城は多い。いずれも、武田氏滅亡の天正十年まで機能しており、現在見られるのは天正後半の姿と理解される。東部地区において、現況で武田改修が認められるのは、深沢城・千福《せんぷく》城・葛山《かずらやま》城・興国寺城等である。順に、残された武田改修の痕跡を見ていきたい。

深沢城は、馬伏《まぶせ》川（旧抜川）と抜川（旧宮沢川）によって形成された河岸段丘上の合流点に築か

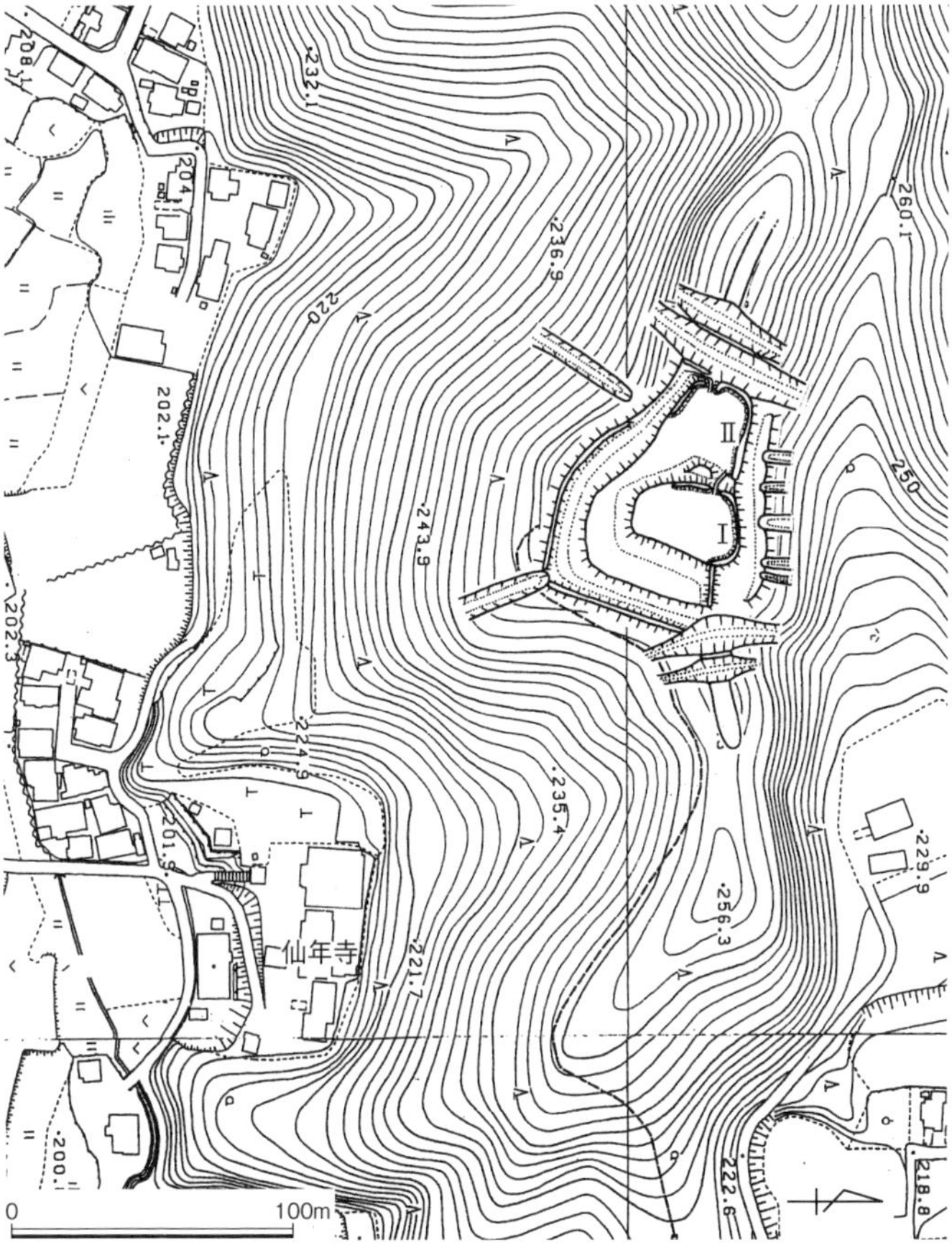

第12図　葛山城跡概要図（作図：溝口彰啓）

れている。城は、蛇行する両河川を巧みに取り込み堀として利用し、三箇所の曲輪が配されている。便宜上南側からⅢ・Ⅱ・Ⅰ曲輪とすると、Ⅲ曲輪の南と東に丸馬出が配され、防備を強固にし、馬出内にある虎口は喰違いになっている。Ⅱ、Ⅲ曲輪は空堀によって区画されているが、空堀端部に小規模な馬出状の曲輪を付設し、虎口としている。各曲輪は大規模な土塁によって囲まれていたと考えられるが、現状ではそれ程高くなく、崩され原型を留めない箇所も見られる。幅二〇メートルを越える大規模な堀は、天正十年以降の徳川氏の手による改修の可能性が高い。

千福城は、蛇行する平山川と、佐野川によって形成された急峻な崖地形を利用して築かれている。山頂部に三曲輪、山麓部に二曲輪が見られるが、後世の改変を受け山麓部の旧状ははっきりしない。本曲輪北側に、堀切と連続する竪堀が設けられ、出曲輪北側に城域を区切る二重堀切が配されている。二重堀切の内側は、L字状となり横堀に連続し、防御を強固にしている。山麓平坦面は、天正十年以降の徳川氏による改修の可能性も考えられる。

葛山城は、愛宕山丘陵の末端に築かれた山城で、頂部に主郭、その下段に主郭を取り巻くように副郭を設けた極めてコンパクトな城である。主郭北側から東に土塁が廻り、副郭も同様に、北側から東に土塁が設けられている。副郭西側の土塁を開口させ、喰違い虎口が配されている。曲輪の東西には、二重堀切が設けられ、南側には両二重堀切と接続するように、総延長一〇〇メートル程の横堀が、北側斜面には五条の連続する竪堀が防御を強固にしている。コンパクトであるがゆえに、武田氏の築城術を考えるに極めて貴重な城の一つである。

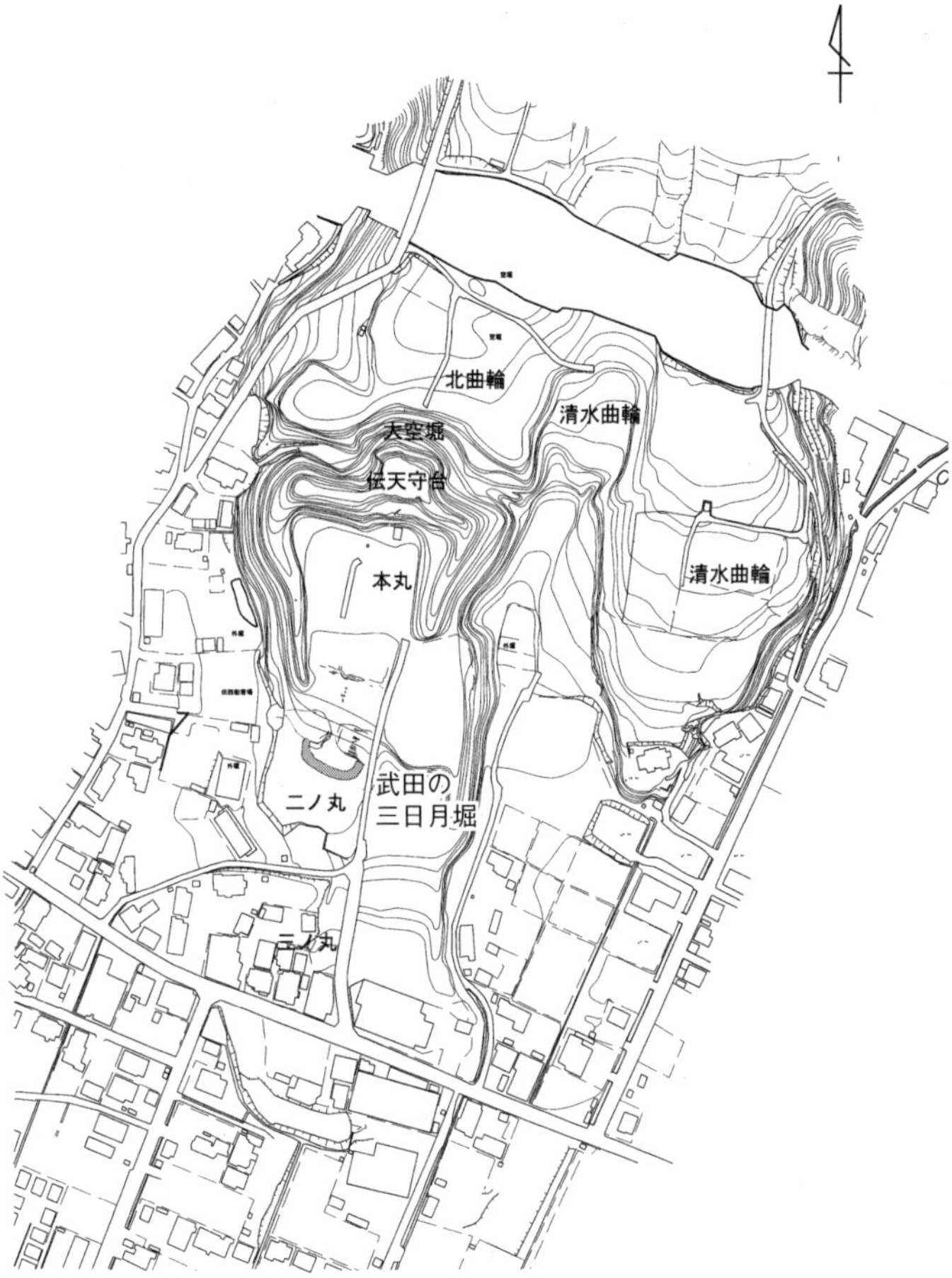

第13図　興国寺城跡全体図（沼津市教育委員会）

興国寺城は、武田氏以降に城主となった中村氏・天野氏が大規模な改修を実施しており、武田期の姿は、ほとんど留めていない。しかし、数次に渡る発掘調査によって、武田段階の遺構やその構造の一端が判明しつつある。武田段階の城は、現在の北曲輪と本丸の二曲輪を中心とする城で、南北に丸馬出が設けられていた可能性が高い。現在、両曲輪間を遮断している大空堀は、武田段階では存在していなかった。二の丸空堀南側で、武田段階の丸馬出に伴う三日月堀が検出されている。この三日月堀は、長さ約三八メートル・最大幅約四・三メートル・深さ約四メートルで、堀の形は断面逆台形を呈す箱堀であった。検出面や他遺構との切れ合い関係、出土遺物から武田段階に成立した三日月堀が確実で、他の城の丸馬出を検証するに貴重な資料である。

永禄十一、十二年の駿河侵攻によって、今川方の多くの城が落城し、武田軍に接収された。竹田氏は、接収した城の改修を実施し、防備強化に努めている。この時期、武田氏の手によって改修を受けた城で、現況や古図等からその改修が判明する蒲原城・興津城（横山城）・田中城（藤枝市）を中心に、駿河中西部における武田の城をまとめることにする。

蒲原城は、富士川河口付近の西岸丘陵地上に築かれた山城で、城の南側は駿河湾に面した斜面地、東西は浸食谷となり、唯一北側のみ尾根筋と接続している。眼下に東海道を見下ろす交通の要衝であった。最高所に本曲輪、北に幅約十五メートルの巨大な堀切を挟んで善福寺曲輪、その北側に尾根筋を遮断し城域を区切る幅二〇メートル以上、深さ一〇メートル以上の大堀切が配されていた。本曲輪南側の東西に伸びる尾根筋にも曲輪を設け、西側に三段で構成される二の曲輪が配されていた。南西山麓部に広がる広大な三の曲輪は、時期的に下る可能性が高い。南側は東名高速道路によって破壊されているが、かつて小峯曲輪と呼ばれる別曲輪があったとも言われる。二の曲輪の発掘調査によって、かなりの火力を物語る焼土層の広がりが確認された。永禄十一年と記録に残る山麓から根小屋にかけての武田軍の放火が広がり、二の曲輪までをも焼いた可能性が高まった。本曲輪では、土塁は未確認で、東斜面で土留めのための石積みが検出されているが、保存状態が悪く石を積んでいるようには見えない。善福寺曲輪では、南側で土塁が一部確認された。出土遺物は、中国産陶磁器、国産陶磁器類と豊富で、山上部に生活の中心があったとして問題はない。

興津城（横山城）は、興津川の川岸まで突出した独立丘陵の山頂部と山麓部を利用して築かれている。永禄十一年の第一次駿河侵攻で駿府に封じ込められた信玄は、唯一残された甲斐への退路を確保するため、横山城の改修を急いだ。城は、山頂本曲輪を中心に、Y字状に広がる尾根状に階段状に曲輪を設け、堀切で東西を分断し、南側曲輪群の東西に横堀を設ける構造である。南麓に土塁囲みの「奥屋敷」「内屋敷」と呼ばれる居館跡が残されているが、これは今川時代の興津氏の居館跡と推定される。

田中城は、今川時代「徳之一色城」と呼ばれた城で、六間川や瀬戸川等によって形成された低湿地帯の微高地を利用して築かれた平城である。元亀元年（一五七〇）、開城降伏した後、信玄は「元来堅固の地に候のあいだ、普請には及ばず」と言い、改修することなく利用したようである。天正三年（一五七五）の長篠の敗戦によって、駿河防衛の拠点とすべく勝頼が改修。方形の水堀で囲まれた本丸の廻りに二の丸を配し、さらにその外側を水堀で囲い込んだ城が今川時代と推定され、勝頼は、その外堀の規模を拡張し、さらに二ヵ所の丸馬出を付設したと考えたい。

賤機山（手前の山塊）と駿府の街

賤機山城は、従来今川館の詰城と言われてきたが、武田軍の駿府侵攻にあたって、全く利用された形跡は見られず、さらに籠鼻と呼ばれる西側尾根続きに信玄の旗本衆が陣取っているため、監視所程度の小さな構えであったとするのが妥当であろう。現在の賤機山城は、最高所に本曲輪、その南北尾根続きにそれぞれ曲輪が配されている。北側に一条、南側に二条、そして西側に一条の堀切が配され、尾根筋を遮断している。竪堀も見られるが、横堀は斜面が急峻であるため、採用されていない。本曲輪のほぼ中央部が一段高く、北側に三方を土塁で囲まれた虎口も確認できる。鞍部を挟んで西側、また東尾根続き中腹にも曲輪が確認され、本格的な改修を裏付ける。駿府から江尻に拠点を移すにあたって、駿府防備の一翼を担う城として改修され、利用されたと考えたい。

その他、久能山城・持舟城等も改修し、再利用しているが、後世の改変が著しく、武田段階の改修がどのようなものであったかは、判然としない。

遠江に築かれた武田の城は、高天神城を中心に、それを補完する目的を持って築かれた中遠から東遠に分布する城郭群と、北遠を中心に二俣城までのルート上に築かれた城、森町周辺域に展開する城郭群、天野氏の犬居城を中心に犬居山中に築かれた城郭群が存在する。

まず高天神城を中心に、それを補完する目的を持って築かれた中遠から東遠に分布する城郭群から見ていきたい。諏訪原城は、駿河・遠江の国境を区切る大井川に面した牧之原台地の先端に築かれている。天正元年（一五七三）、武田勝頼が遠江侵攻の足掛かりとするために築き、高天神城奪取後はその兵站基地の役割を担う重要拠点であった。城は、台地上に巨大な空堀を掘ってその内側を本丸、その外側に二の丸を構えている。この二の丸外堀には土橋が三ヵ所配され、虎口を形成するが、その前面に巨大な三日月堀を巡らせた丸馬出が見られる。また北西隅には堀外に突出して馬出が配され、重ね馬出としている。発掘調査によって、本丸では焼土層を挟んで二遺構面が確認されているが、他の曲輪では一遺構面しか確認されていない。徳川氏の手に落ちた後、かなり大規模な改修が確実であるため、現在の姿は武田段階とは考えにくい。

小山城は、牧之原台地の南東端から大井川下流の沖積平野に張り出した舌状丘陵の末端を利用して築かれている。丘陵先端部に主郭、堀で区画し南西側に副郭を配置する。副郭前面の堀切

小山城三重の三日月堀を見る

は、『諸国古城之図』では、L字となり横堀と接続しているが、現在は崩落により見ることが出来ない。主郭周囲は土塁囲みであったと推定されるが、現在は南側に一部残存するだけである。前面に、城域を区切る三重の三日月堀が配され、総計で幅三五メートルと巨大な規模である。この堀の南側にL字状の堀を重ねて虎口空間を造りだしている。高天神落城後も武田方の城として持ち応えたが、天正十年迫りくる徳川軍の前に城兵は城を捨て退去した。なお、復元された主郭西側の丸馬出は、発掘調査では検出されていない。絵図を参考に復元したものである。

高天神城の兵站基地として重要視された滝境城は、牧之原台地の南端の海岸線に向け派生する尾根上に築かれている。丘陵頂部を空堀で区切り、曲輪をほぼ直列に配置している。東西斜面は、深い谷が入り込んでいるため急傾斜地となり、敵の侵入を阻んでいた。南北端部には二重堀切を配し、防御を強固にしている。最北端の曲輪は、堀切に挟まれる小曲輪で馬出的機能を持たせたと考えられる。

天正二年、勝頼の手によって落城し、以後武田方の遠江経営の拠点となった高天神城では、明確に勝頼の手によった改修が判明する。城は、小笠山山陵から東に張り出した標高一三〇メートルの丘陵上に築かれ、周囲は西側を除き断崖絶壁を呈す地形である。中央鞍部に置かれた井戸曲輪を境に東峰と西峰に大きく別れ、それぞれ独立した曲輪群を従える「一城別郭」と呼ばれる構造をしている。この内、西峰が天正二年以降の勝頼の改修を受けた部分で、最高所の西の丸から北側に展開する二の丸・堂の尾曲輪・井楼曲輪がこれに当たる。二の丸西側から最北端の井楼曲輪の西側には長大な規模の横堀が配され、端部は二重の横堀となっている。さらにその東側に二重堀切が配され防御を固めている。堂の尾曲輪、井楼曲輪間に配された堀切は巨大な規模で、曲輪間を遮断している。発掘調査で橋脚の柱穴が検出され、木橋によって堀切を渡っていたことが判明した。なお、橋脚に近づけなくするためか、前面に畝を設け、さらに方形の穴を掘る工夫も見られる。横堀の南端部近くに畝が存在するなど、緩斜面となる西側防御を固めるための様々な防御施設が見られる。これらの技術は、天正二年から九年までの間が確実で、勝頼段階の武田氏の築城術を検討する上で貴重な遺構である。

次に、北遠を中心に二俣城までのルート上に築かれた城であるが、いずれも曲輪数は多くなくコンパクトにまとまっている。北遠最北端に位置する高根城は、発掘調査が実施され、ほぼその全容が判明した。遠信国境の青崩峠、ヒョー越峠越えの道が合流する箇所及び水窪《みさくぼ》の街が一望される標高四二〇メートルの通称三角山の北側尾根上に築かれている。城は、本曲輪、二の曲輪、

第14図　高天神城堂の尾曲輪実測図
（『史跡高天神城跡保存管理計画策定報告書』1996　大東町教育委員会より修正転載）

三の曲輪を一直線に配置し、城域を区切る南側には中央に土塁を設けて二重にした堀切を配し、尾根筋を完全に遮断している。本曲輪東北隅に大手口、南東隅に二の曲輪、三の曲輪へ至る城道への出入口となる虎口が構えられている。本曲輪からは、礎石城門、掘立柱城門、倉庫的機能を持つ礎石建物、二間×二間の井楼櫓跡と推定される掘立柱建物が検出された。本曲輪と二の曲輪の下段に門と柵で区画された虎口が確認され、ここから木橋によって城道が延びている。城道は、曲輪の切岸東下を通り、二の曲輪と三の曲輪間は土橋で接続していた。土塁が認められるのは本曲輪のみで、東側南半分に残存していた。勝頼が、国境警備と北遠の橋頭保とするため、天正年間初頭に改修した可能性が高い。

高根城から水窪川に沿って二キロ程下流の東側に築かれた城が大洞《おおぼら》若子城（浜松市）で、山頂本郭と鞍部を挟んで副郭のみの小規模城郭である。副郭南に城域を区切る二重堀切が配されている。主郭は、巨石が露頭し、平坦面は少ない。高根城の南側を補完する目的を持って、ほぼ同時期に築かれたと考えられる。

中尾生城は、天竜川の支流白倉川の北側の標高四七九メートルの急峻な山上に築かれている。戦国期の街道は城付近の尾根筋を通っていたと考えられ、西へ向えば奥三河へ、東は犬居から川根へ、北上すれば佐久間へ、南下すれば二俣へと至る交通の要衝に位置する。基本的には、主郭と附属する小曲輪群のみの城であるが、主郭は鞍部を挟んで三段で構成されているため、ここを二の郭、三の郭と捉えることも可能ではある。本曲輪西側に二重堀切が配され、城内側の堀切は、地形に沿ってU字型を呈す。東側下段の二段の小曲輪の北側に竪堀も見られる。コンパクトではあるが、北から西側の防備は極めて強固である。高根城と同時期、下っても長篠合戦直後の改修とするのが妥当である。中尾生城同様、山中の交通の拠点に築かれた城として光明城があるが、後世の光明寺造成に伴う改変が著しく、武田段階の姿を探すのは難しい。

武田氏が、北遠江経営の拠点としたのが二俣城である。ここからは、遠江平野部だけでなく、奥三河へと続く主要街道、併せて天竜川水系の支流が集まる場所で、軍事的・経済的にも極めて重要な位置を占めていた。家康から城を奪取した後、大規模な改修を実施したと考えられるが、それがどこかは判然としない。現況の姿から、二の丸南、蔵屋敷南、南曲輪南側に設けられた堀切、蔵屋敷を囲い込む土塁が武田改修と考えたい。武田方となった時点で、北向き中心の防御施設であった城に、南側徳川氏に向けた部分の改修を実施したとするのが妥当ではないだろうか。

武田氏の南下によって武田方となった国人土豪で最も大きな勢力を誇っていたのが天野氏である。武田方となった時点で、その居城犬居城は大きく改修され、さらに犬居山中の支城網も整備されたと思われる。

犬居城は、蛇行する気田《けた》川の西岸標高二五〇メートルの行者山の山頂部を中心に広がり、断崖となる南側の山麓熱田平に居館が築かれたと考えられている。最高所に物見曲輪を置き、東に向かうL字を呈す尾根筋を巧みに利用し、二の曲輪、本曲輪、三の曲輪、東曲輪が配されている。二の曲輪と呼ばれる部分が長大な土塁と考えられ、南側防御の要となっていた。緩斜面となる北側には東西に竪堀を配し、その間は曲輪に沿って横堀が設けられた。三の曲輪が馬出で、前面に三日月堀、後方に竪堀と連続する空堀が配され、中央部土橋によって本曲輪と接続している。空堀を挟んで配された東曲輪が、北側にせり出しているため、中枢部北側への横矢を掛ける役目を担っていた。天正三年の長篠合戦後の勝頼による改修を得た姿と推定される。

犬居城本曲輪北下の横堀

犬居山中には、二俣、水窪、川根、森等に抜ける尾根筋道が発達しており、犬居城だけでは領国全体の守備は難しい。そのために、各尾根筋に支城を配置し「支城ネットワーク」網による防御施設を構築していた。これらの城は、天野氏が犬居支配の段階で築き上げげたと考えられるが、武田方となった時点で、防御構造の増強のための改修があったと考えたい。現状で、その構造が判明するのは、篠ヶ嶺城・平尾城・勝坂城・樽山城・萩野城等である。中でも、最大規模を誇るのが篠ヶ嶺城で、蛇行する気田川によって三方を川に囲まれた標高二五〇メートルの尾根上に築かれている。最高所に本曲輪を置き、北に一段低く二の曲輪、その外側に三の曲輪が配されている。三の曲輪と二の曲輪は土橋で接続するが、堀切は竪堀へと連続する西側のみに設けられ、東側は斜面地となっている。土橋を渡ると両側を土塁で囲んだほぼ六メートル四方の桝形空間があり、防御を強固にしている。本曲輪東側にも土塁が認められる。尾根は南北へと延びているため、両側に平坦面も認められるが、曲輪として機能していたかどうかは判断出来ない。平尾城は、気田川と不動川が合流する地点の東の標高二五四メートルの山頂部に築かれた城で、最高所に本曲輪を置き、一段低く帯曲輪が見られる。本曲輪に土塁を設け、東西に堀切を配し尾根筋を遮断している。極めて、小規模な城である。樽山城は標高六二九メートルの城山山頂部に築かれた城で、東側を除く三方を断崖で囲まれた要害の地に位置する。曲輪は、階段状に三ヵ所認められるが、いずれも二〇平方メートル程の規模でしかない。各曲輪間に堀切を設け、西端に城域を区切る堀切が見られる。萩野城は、南北に延びる尾根上に階段状に削平地を設けた小規模な城であるが、両端に堀切を設けることで尾根筋を遮断している。大手口になると思われる南側堀切中央部に土橋が見られる。天野氏が最後に籠ったとされる勝坂城は、蛇行する気田川に三方を囲まれた断崖上に立地。平坦面も極めて狭く、周囲は完全な崖で、地形そのものが険しく防御施設は不要であった。これらの城々は、天嶮に築かれ自然地形によって守られていたが、武田支配下となるに及びさらに防御強化が施されたのであろう。

森地区は、天野氏の本拠・犬居から太田川平野部への北端にあたる交通の要衝に位置し、武田氏にとっては重要な拠点の一つであった。ここには、天方城・飯田城・真田山城・本庄山砦等が築かれ、掛川・袋井方面への備えとしていたのである。

天方城は、太田川上流域の東岸標高二四〇メートルの山頂部に築かれている。後世の改変を受けてはいるが、本曲輪、二の曲輪の一部は良く旧状を留めている。本曲輪はほぼ方形で、急斜面となる南から東側を除いて横堀が廻らされ、さらに北側二の曲輪側に土塁が設けられている。虎口は三箇所で、東虎口は、横堀の東端部脇を回す形、北虎口は土橋によって二の曲輪と接続する。西虎口は、横堀外側の土塁上と接続するのみである。二の曲輪は西半分が駐車場建設により旧地形は判然としない。東側から北側にかけて横堀が見られる。規模は小さいが、横堀と土塁を重要点に集中配置することで防御を強固にした城である。

天方城本曲輪北側横堀

飯田城は、天方城から太田川を約七キロ下った、中流域の東岸標高五〇メートルの丘陵上に築かれている。方形の主郭は、南側を除き三方を土塁で囲い、南側に一段低く副郭を置き、ここには南側にのみ土塁が見られる。本曲輪の土塁は、北東部が小曲輪状に広く、北東部にL字状に土塁が見られる。西側尾根筋に、小規模の二重堀切のような遺構が見られるが、他に堀切等の防御施設は見られず、武田改修があったとは考えにくい。

飯田城から一・五キロ程南に位置するのが本庄山砦で、西側を太田川が流れ、東から南にかけて低湿地帯が広がる要害の地に位置する。T字状を呈す丘陵を巧みに利用し曲輪を配置し、各曲輪間には堀切が見られる。主郭と考えられる最北端の曲輪北側には幅一〇メートルもの巨大な堀切を設け、尾根筋を完全に遮断している。この曲輪の南東隅部に堀切と竪土塁を持つ竪堀で規制された虎口が確認される。この主郭から階段状に二曲輪が配され、さらに主郭から分岐し南へ延びる尾根筋上にも曲輪が存在する。この曲輪の南側で発掘調査が実施され、幅一〇メートル以上の堀切が検出された。この堀切は、東斜面の横堀と接続しているため、全体にL字を呈す横堀と捉えられる。堀底は堀底道として利用され、南から曲輪へ渡るための橋脚が確認されている。また、堀底道を規制するための掘立柱建物が二棟確認されたが、間口規模が大きく門以外の建物ではないかとの見解が示されている。本庄山砦の強固な防御施設は、武田氏による改修の可能性が高く、これからも飯田城未改修が補強されよう。

遠江一宮である小国《おぐに》神社の南側の標高一一六メートルの山頂部を利用したのが真田山城で、主郭のみの極めて小規模な城である。主郭の東西に横堀を配し、北側に堀切を設け竪堀と連続させている。南側は、階段状に小曲輪が連続する。虎口は南北二ヵ所に見られ、北側虎口は横堀の終着点と竪堀の間を渡るように竪土塁で規制し、鍵の手に折れて本曲輪へと続く。南虎口は、土塁

真田山城本郭東堀切

と切岸によって規制し、こちらも鍵の手に折れて本曲輪へと続いている。この城が、『三河物語』にある「市の宮」城として問題あるまい。

以上、駿河・遠江に残る武田改修が想定される城とその構造を列挙してみた。明らかに、勝頼段階で急激に防御施設の拡充が見られる。これは、対徳川、北条に備えたもので勝頼段階で臨戦的な城の構築が急務になったということであろう。これら武田改修が想定される城の中で、最も確実に年代的抑えが効くのが、高天神城堂の尾曲輪である。武田在城は天正二年から同九年までであり、さらに遠江における最重要拠点と位置付けられていたことは確実で、武田氏が持つ最新鋭の築城技術が駆使されて改修された城であった。緩斜面への横堀の採用、曲輪間を区切る巨大堀切の配置、横堀～堀切～竪堀と連続配置による遮断線の構築、堀切を渡る木橋の採用、城域を区切る二重堀切の配置、これらの技術は明らかにこの時期におけるものである。併せて、興国寺城で検出された丸馬出がある。興国寺城は、元亀二年から天正十年まで、武田氏の城であった。確実に武田段階と考えられる丸馬出で、横方向の堀外間で約三〇メートル、縦方向で堀外まで約十二メートル、堀幅・深さ共に約四メートルの規模である。

信玄段階の城は、尾根筋に階段状の曲輪を設け、堀切によって尾根筋を遮断することを基本とした造りで、一部重要曲輪に土塁が配される程度の防御施設であった。勝頼段階になると、確実に攻城戦となることが想定され、極めて実践的な防御施設が構築されることになる。コンパクトな城程、最も効果的な施設を効率的に配置しており、それが武田氏による築城術と判断されよう。まず、横堀を廻し、斜面地からの侵入を防ぐ、尾根筋には二重堀切を設け遮断する。また、横堀と堀切を連続させる、あるいは堀切と竪堀を連続させることで、より長い遮断線を設けている。急斜面の場合は、横堀は必要としないため、堀切・竪堀で対応している。土塁は、四周を廻す場合もあるが、防御が必要な箇所のみとする場合が多い。虎口は、土塁によって喰違い、あるいは鍵の手の折れを多用するが、桝形の利用は見られない。前述のような丸馬出を配置する城もあるが、平城でない限りは、馬出状の小曲輪を配置することで防御を強固にしている。基本的に、地形に応じて、これらを有機的に組み合わせ対処した城が武田の城と理解される。内部の建物については、調査事例が少なく何とも言えないが、井楼櫓、倉庫的機能を持つ礎石建物、掘立柱建物で構成され、江尻城のような拠点城郭には、矢蔵（武器庫）、出矢蔵（土塁の角に設けた隅櫓）が構えられていた。また、江尻城の「観国楼」は、特別な建物として理解される。すなわち、領国を見渡せる高さを持ち、額を掲げた禅宗建築とでも理解すればいいのであろうか。太田道灌の江戸城にあったという「静勝軒」も同様で、望楼を持った禅宗建築、すなわち金閣や時代は下るが西本願寺飛雲閣のような建物と考えられよう。

勝頼に対抗した家康の築城

高天神城を奪われた家康最初の対応が、馬伏塚城の改修であった。現状の馬伏塚城跡は、城山と総称される南側本丸周辺域と、北側居屋敷の一部が残存するのみで、堀等は全て埋め立てられ、かつての様子は判然としない。天和三年（一六八三）前後に成立したと言われる『諸国古城之図』（広島市浅野文庫所蔵）の中に「遠江馬伏塚城絵図」があり、江戸期の城の様子を伝えている。また、明治初期の地籍図からかつての姿が想定される。併せて、昭和九年に石割平造氏が馬伏塚城を訪れ地形測量図を製作している。城跡は、小笠山丘陵の西端、岡山地区の南に突出した南北に長く伸びる舌状台地を利用し構築されており、北側のみが尾根続きで東・西・南側は、水田に囲まれている。城は、北側曲輪群と南側曲輪群とに二分されている。これら二つの曲輪群が同時期に築城されたのか、時期をずらして徐々に整備・改修を受けたのかは判然としないが、最終段階では同時に機能していたことに疑問の余地はない。

北側曲輪群は南北に長い曲輪群で、北側尾根続きを大型の堀切と土塁によって遮断し、南側は尾根の高低差を利用し、曲輪造成を実施したと推定される。東西に広がる自然の湿地帯が天然の堀の役目を果たし、外部からの進入を阻んでいた。曲輪は、北側最高所から、階段状に三つに仕

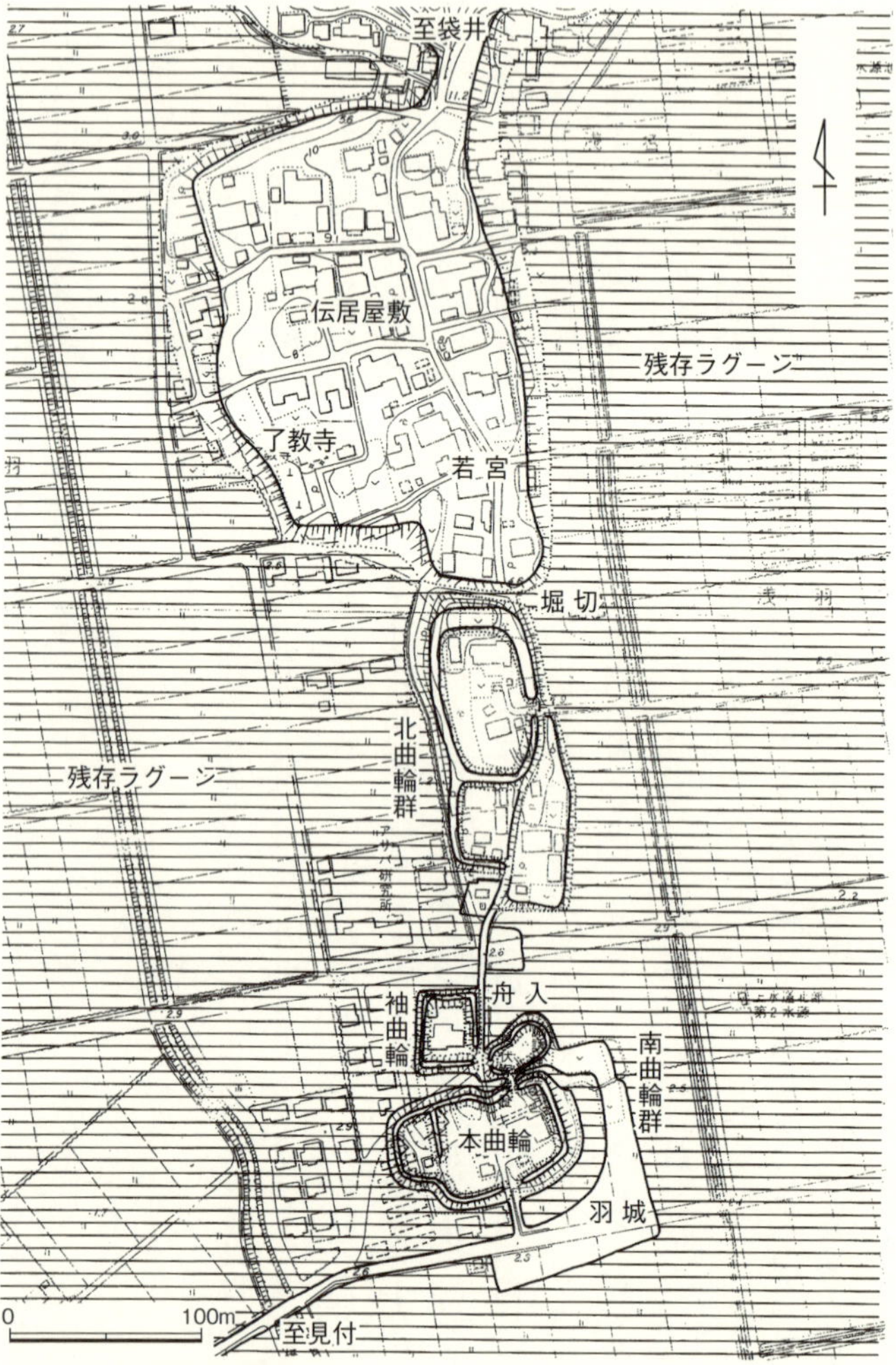

第15図　馬伏塚城跡概要図

切られ、最北端の曲輪北側と西側に土塁の痕跡が確認できる。昭和九年に作成された図面によると、北側尾根続きを遮断するための堀切は、深さ八メートル、幅二〇メートルにも及ぶ大堀切であったことがわかる。また、堀切南側の土塁も幅約七メートル、高さ三メートルの規模で残存していたことが記されている。『諸国古城之図』によると、土塁に囲まれた曲輪が南北に配され、東側に土塁を持たない長方形の曲輪が記され、土橋によって北側若宮、了教寺と接続していた様子が判明する。東西の堀は、谷地形となり若宮・了教寺の北側で終息している。従って、城が機能していた当時は、若宮・了教寺までを含めて城域であった可能性が高い。

北側曲輪群から、約七〇メートルを隔てて南側曲輪群が構築されている。この間には、かつて水堀が存在し、二ヵ所の小曲輪が存在したことが『諸国古城之図』から判明する。現状、周辺域は埋め立てられ堀の面影は留めていない。南曲輪群には五つの曲輪が存在したが、現在道路によって主要部の一部が破壊を受けてしまった。南曲輪群の中心曲輪は、諏訪神社が祭られている所から、南西部に広がる一段低い場所で、北側と東側に土塁跡が確認できる。土塁は逆L字を連結した形で、総延長一〇〇メートルと大規模である。昭和九年の測量図では、西側土塁の高さは曲輪内で約二・五メートル、外で約八メートルを測り、幅は上面で約二メートル、曲輪底面で約八メートルが残存するとしている。本丸と西丸の間には、両曲輪を仕切る土塁が描かれ、虎口は北と南の二ヵ所に土塁を開口して設けられていたようである。本丸稲荷社の北側に、『諸国古城之図』には、本丸側以外の三方を土塁で囲んだ曲輪が描かれ、この間は水堀となり、直線の通路が見られる。平成十一年に、浅羽町教育委員会がこの部分の確認調査を実施し、本丸と北側曲輪を接続する土橋を検出している。土橋は、幅約一間、長さ七メートルの規模で、両側の堀の存在も確認された。両曲輪間に位置する堀幅は約七メートル、深さは本丸土塁上から約七メートルを測り、断面箱型を呈す空堀と報告されている。現在は、埋め立てられ判然としないが、古図等から本丸北側に袖曲輪(城ノ腰)、堀を挟んだ本丸南東側に羽城(破城)と呼ばれる本丸と同程度の曲輪が配されていたことも判明する。

城跡の構造を見る限り、了教寺・若宮を含んだ北側曲輪群が当初期の城で、戦国期に南側曲輪群を新たに整備し、併せて北側曲輪群も改修を施したとするのが妥当であろう。馬伏塚城周辺域は、明応七年(一四九八)の東海地震以前は、ラグーン(潟湖)が広がり、横須賀あたりを河口として遠州灘と接続していたことが判明している。馬伏塚城が機能していた当時も、小船程度なら外海と行き来することは十分可能であったと思われる。馬伏塚城には、陸路と海路で行き来が可能であったということになる。船入は、北曲輪と袖曲輪の間と推定され、横須賀から残存ラグーンを使用して城へと入っていたのであろう。

馬伏塚城の南東約一・五キロの丘陵上に位置するのが岡崎の城山である。築城等の記録はいっさい残っていないが、明らかに城郭遺構が残存している。城跡は、小笠山丘陵から伸びる舌状丘陵(標高一五メートル、比高約一〇メートル)の先端部に築かれている。丘陵を南北に仕切る二条の堀切によって、東西二カ所の曲輪を設けただけの城で、西側に位置する曲輪が、中心曲輪

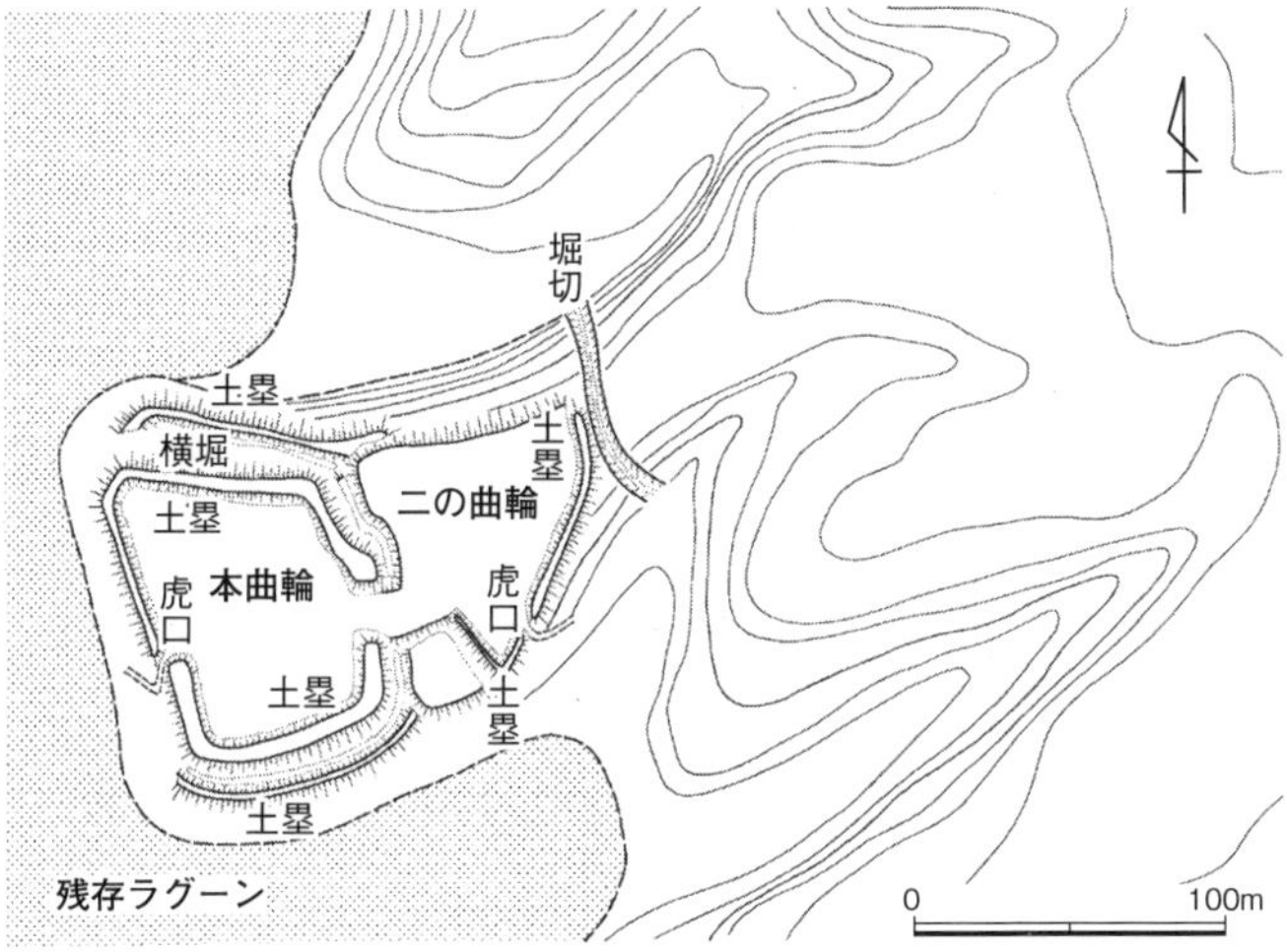

第16図　岡崎の城山跡概要図

（本曲輪）で、東側が補完的機能を持つ曲輪（二の曲輪）と考えられる。本曲輪は、正方形を呈し、西側二の曲輪との間に、幅約一〇メートル・深さ五メートル程の堀切が配されている。本曲輪周囲は土塁によって囲まれ、東側で土塁を開口し、堀切中央部に設けられた土橋を通じ、二の曲輪と接続している。虎口周辺部の土塁は幅約七メートルと幅広である。堀切北側は、稜線を北に廻りこむように横堀状となり、堀北側に土塁が設けられている。南側については後世の改変が激しく現状は留めていないが、北側と同様であったとするのが妥当ではなかろうか。

二の曲輪東側丘陵続きは、堀切によって切断されていたと考えられるが後世の道によって一部寸断されている。堀切の規模は、本曲輪～二の曲輪間と比較すると大きくはなく、幅・深さ共に五メートル程と想定される。この堀切が城域を区切る堀切である。堀切西側には、小規模な土塁が残り、曲輪南縁部を廻るように配されていたと推定される。曲輪北側についてはは土塁状の高まりが確認されないため、北側に土塁は存在しなかった可能性が高い。また、本曲輪のように南北斜面部に横堀状の施設等が存在した可能性はない。本曲輪に比較して、明らかに防御構造は劣り、補完的曲輪であったことを裏付けている。本曲輪を土塁で囲い込むという特徴は、馬伏塚城の本曲輪・西曲輪とほぼ同様の構造で、土橋も規模こそ異なるが、馬伏塚城の本曲輪と北曲輪への接続と全く同様である。規模の違いは、地形的制約によるものであろう。従って、岡崎の城山は、徳川家康が馬伏塚城改修とほぼ同時期に築城した城の可能性が高い。馬伏塚城と決定的に異なるのが、横堀の採用である。

馬伏塚城が家康出陣の際の本陣として利用され、岡崎の城山は兵站基地、もしくは駐屯地としての利用が想定される。家康は徐々に勢力範囲を取り戻し、天正六年には、横須賀城の築城を開始、高天神攻めの前線基地はより城へと迫っていった。横須賀城は、幕末維新まで存続したため、創築時の姿は、全く解らないが、残存ラグーンを取り込んだ城と推定されよう。

長篠合戦の勝利によって、高天神城の補給路を断とうとした家康は、背後の諏訪原城に猛攻を仕掛け開城させた。家康は、松平家忠に大改修を命じ、城を牧野城と改めている。『家忠日記』には、天正六年から九年にかけて、堀普請、市場普請、塀普請をしたことが記されている。発掘調査が実施された二の曲輪北馬出からは、遺構面が一面のみ確認されており、徳川段階とするのが妥当である。大外に設けられた二ヵ所の巨大丸馬出や大規模な空堀が、天正六年以降の徳川氏による遺構の可能性が高まった。家康が遠江国内の諸城に横堀を採用し始めるのは、天正三年以降のことで、牧野城の横堀、馬出が徳川段階としても全く問題はない。

東より堀の内の城山の中心部を見る

長篠合戦後の家康の最大の課題が二俣城奪還であった。交通の要衝に位置するだけに、早期に二俣を押さえ、奥三河・北遠江の武田勢力を孤立させようとしたのである。二俣城奪還に向けて家康は、四方に砦網を構築し、城を取り囲んだ。この砦群のうち、毘沙門堂と和田ヶ島の両砦が何とか旧状を留めている。共に、山頂部から階段状に曲輪を配しただけの簡単な構造であるが、尾根筋に対しては堀切を入れ防御している。毘沙門堂砦には、わずかにL字型に土塁が見られる。二俣城を陥落させた家康は、犬居攻めを敢行する。この時、家康方の陣所となったのが、犬居城の対岸に築かれた堀内の城山と言われる。城は、標高三三〇メートルの山頂部を主郭とし、堀切を挟んで一段低く出曲輪状の小曲輪が付属する。さらに尾根筋に二条の堀切が配され、東尾根筋からの侵入を遮断している。主郭は、ほぼ中央部に中仕切りの土塁を入れ分割し、北下に帯曲輪を配す、極めて単純な構造である。土塁が、西端部に見られる。これら、陣城はいずれも主郭に若干の曲輪が付設するのみの構造で、防御施設は尾根筋を遮断する堀切、一部土塁を廻す程度であった。

天正三年までの陣城は極めて単純であったが、天正六年~八年にかけて構築された高天神攻めの砦群は、高い防御施設を有したものが存在する。高天神城をコ字形に取り囲むように、北から小笠山砦(石川康通)、風吹砦(石川康通)、能ヶ坂砦(本多康重)、火ヶ峰砦(大須賀康高)、安威砦(大須賀康高)、獅子ヶ鼻砦(大須賀康高)、中村城山砦(大須賀康高)、三井山砦(酒井重忠)を築き、実に天正九年三月までの十六ヵ月に渡って包囲を続けた。『家忠日記』によると、天正六年から八年の終わりにかけて、砦の普請に関わる記載が非常に多く見られる。どのような普請があったかについての記載は少ないが、柵、塀、堀切普請という記載が見られる。唯一、試掘調査が実施された中村城山砦の構造と、比較的遺構が残存する小笠山砦を見ておきたい。中村城山砦は、高天神六砦のうち最も標高が低く、菊川・下小笠川の合流点近くに築かれている。試掘調査によって、四周を水堀で囲まれていたことがほぼ確実な状況で、水運を利用して横須賀城から物資搬入をしていたことが想定される。丘陵を二分するような堀切が見られる他は、防御施設は確認されない。削平地は山麓部分に広くとってあり、頂部は物見台程度の広さである。このことから、山麓部分に平坦地を設け利用することがこの砦の主目的であったことが看取される。この砦

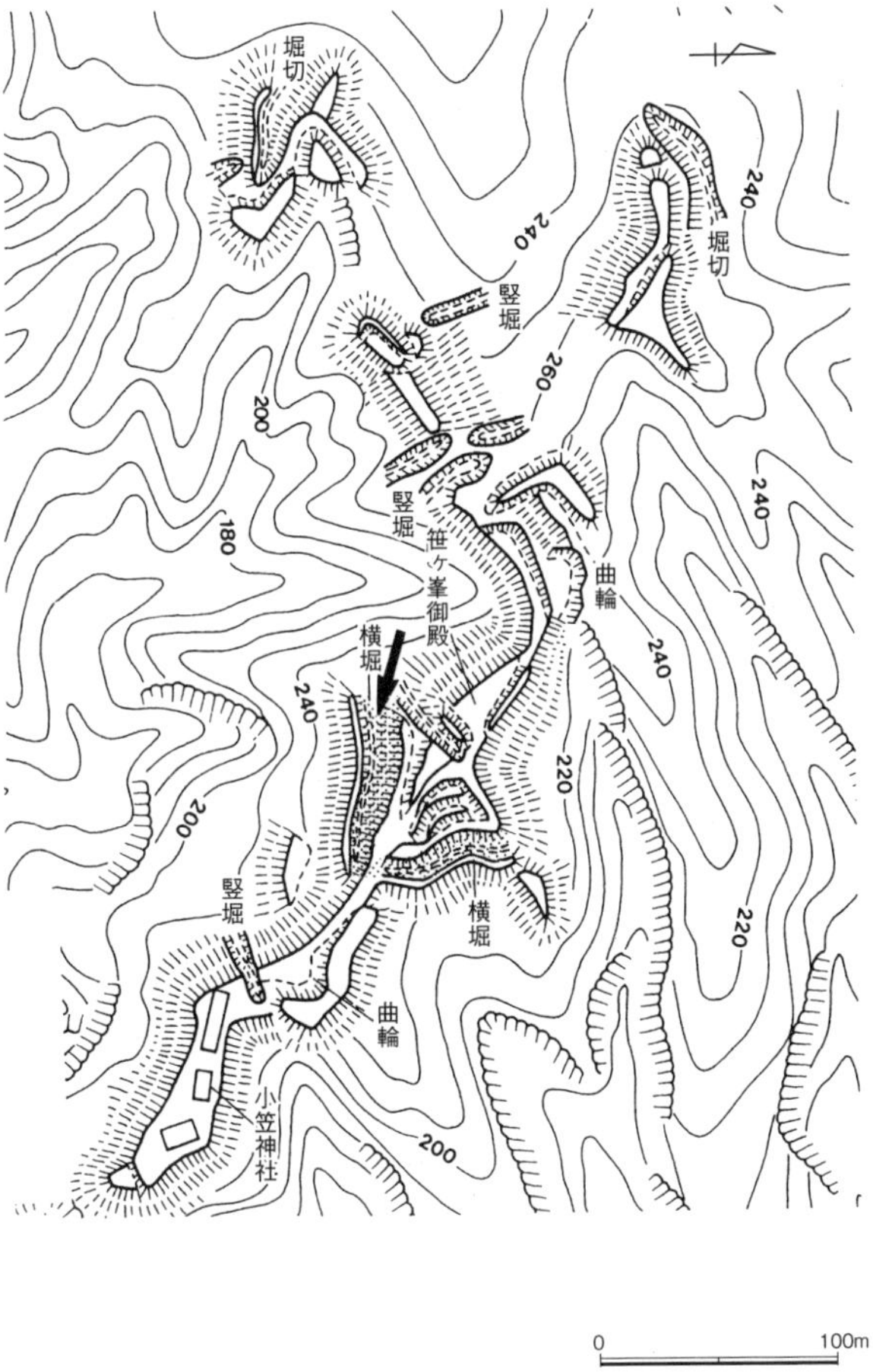

第17図　小笠山砦跡概要図（作図：戸塚和美）

が物資集散と兵力の駐屯基地として利用されたのは、最も水運に恵まれた場所に位置していたためであろう。高天神を囲む駐屯軍の補給物資は、中村城山砦に荷揚げされ、ここを経由して各砦へと運びこまれた可能性が高い。この砦以外の調査が実施されていないため、確実とは言いがたいが、砦個々にそれぞれの主目的があり、互いに補完しあうことで長期の攻城戦を可能にしていたことが考えられる。次に、小笠山砦であるが、標高二六〇メートルの最高所に笹ヶ峰御殿と呼ばれる本曲輪を置き、ここからY字状に続く尾根筋に小曲輪が点在する。本曲輪南東部を取り囲むくの字を呈した横堀は大規模で総延長一〇〇メートルにも及ぶ。本曲輪東虎口は、竪堀と土塁で規制し、喰違いとし、西虎口は、竪堀と堀切、さらにL字を呈した土塁によって、鍵の手となっている。尾根筋全体が狭く複雑であるが、巧みに竪堀と堀切を配すことで、極めて高い防御施設を持つことになった。このように、非常に複雑な防御を有す城もあり、徳川氏の築城術が、武田の城を接収することで、大きく姿を変えていったことが判明する。

記録にはないが、小山城攻めにあたって、横地城・勝間田城が再利用されたことが確実である。勝間田城は、小山城から東へ約七キロの地点に位置し、北に五キロ程で牧野城が存在する。牧之原台地から北東に向かって下降する標高一三一メートルの尾根上に築かれた。城は、本曲輪北下に設けられた尾根を完全に遮断する幅約一〇メートルの堀切を境として、全く異なる様相を示し、城内に二種類の城があるようである。大堀切北側は、上下二段の広大な規模の曲輪で構成。共に、土塁で囲まれた曲輪であるが、二の曲輪では東端と北端を開口し、虎口としている。

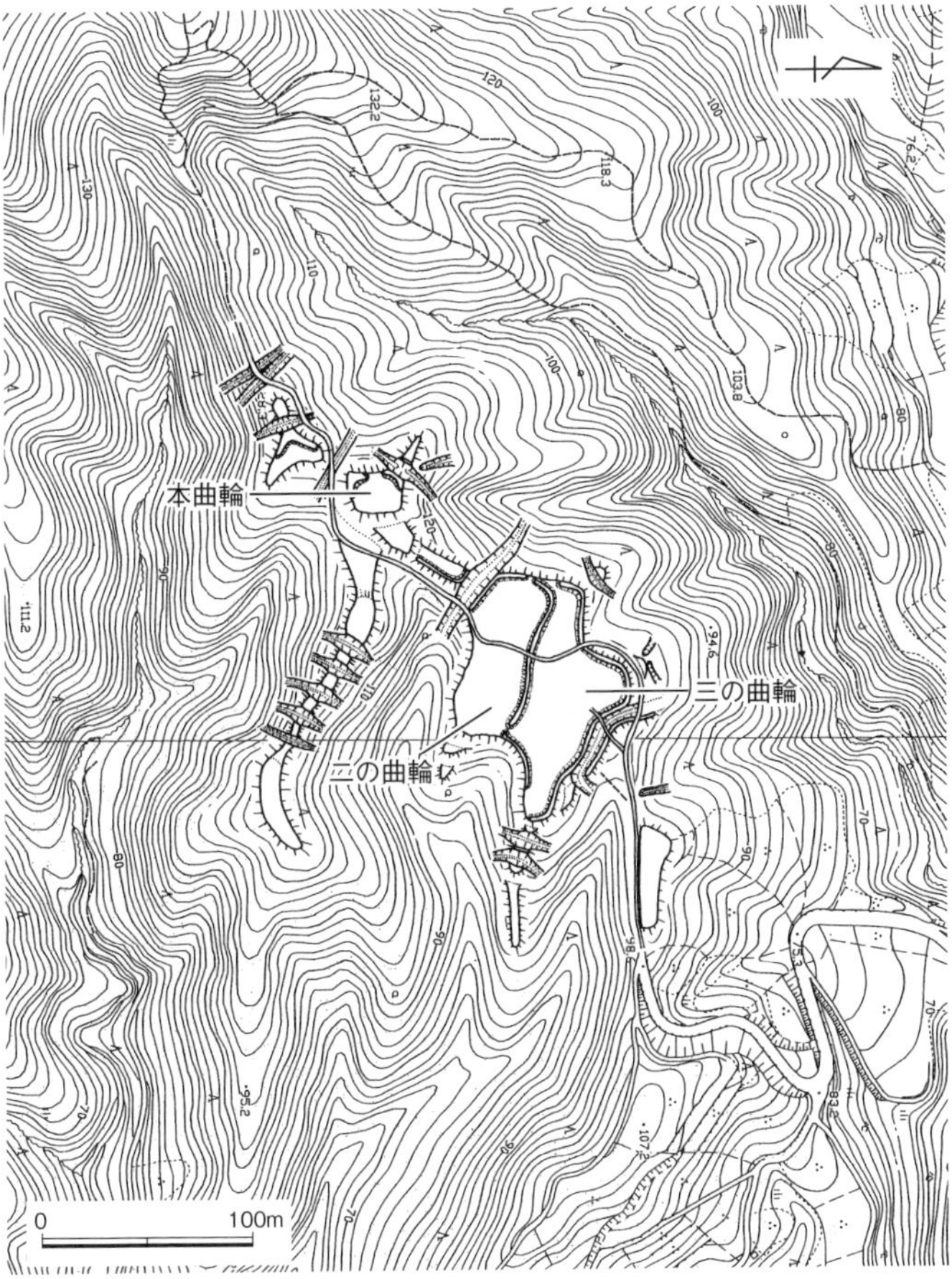

第18図　勝間田城跡概要図（作図：溝口彰啓）

発掘調査が実施されており、礎石建物を含む十数棟の建物跡を検出。三の曲輪は、現道部分に堀と土塁が存在し、西側と区切られていたという。北側には、土塁に沿って横堀が配され、東尾根筋には二重堀切、西側には堀切と防御はかなり強固である。徳川段階では、大堀切南側の旧主郭部分は、切り離され利用されなかったのであろう。広大な規模の削平地を土塁で囲い込み、兵糧・武器等の兵站基地にし、さらに駐屯地としても利用されたと考えたい。

高天神城と勝間田城のほぼ中間点、標高一〇一メートルの山頂部を中心に、東の城・西の城・中の城を配した広大な規模の山城が横地城である。家康による再利用が考えられるのが、西の城部分である。主郭南側に配された幅約六メートルの横堀状を呈す堀切、その南に基底部で五メートルを測る土塁を設け、尾根筋からの侵入を阻んでいる。西の城の南側には「千畳敷」と呼ばれる長さ約九〇メートル、最大幅約三〇メートルの平場が広がる。巨大な堀切、土塁は、中の城・東の城では見られず、明らかに異質な防御施設であり、家康による小山攻めの時期の改修としても問題はない。千畳敷を兵站基地や駐屯地として利用し、安全確保のために西の城に防御施設を付加したとするのが妥当ではないだろうか。

このように徳川の城は、天正三年の長篠合戦を境として、二俣城、諏訪原城、犬居城等を落城または開城させ、奪取したことによって大きく姿を変えている。それ以前の城は、尾根筋を遮断する堀切を配置し、重要曲輪を土塁で囲い込むことが主流であった。虎口も土塁を開けただけの平虎口が多く、時に喰違い虎口が見られる程度でしかなかった。ところが、武田方の城を接収す

第19図　諏訪原城縄張図
（『国指定史跡　諏訪原城跡整備基本計画』2011　島田市教育委員会より転載）

ると、ほとんどの城で横堀を多用し始める。時期的には、天正三年後半から天正四年にかけてのことになる。家康は、武田の築城技術を巧みに、城に取り入れていったのである。虎口も同様で、土塁や堀で規制し、喰違い虎口、あるいは鍵の手に折れる虎口を採用する。やがて、家康は武田の技術を取り入れつつ、より巨大化することで、強固な防御ライン構築し始めるのであった。

武田か徳川か、横堀と丸馬出

天正三年の長篠合戦を契機に、武田方の城を次々と接収したことにより、徳川の城が大きく変化していった。武田氏の持つ築城術を巧みに取り入れ、より強固な防御構造を持つ城を築き上げるようになったのである。これによって、武田支配下であった城に、天正三年以降、徳川氏が入城し、武田の技術を応用して改修を施した場合、どちらの手による城なのかがはっきりしないこととなった。また、明らかに武田氏が多用する横堀や丸馬出という遺構が残っており、文献記録が残されていない場合は、どちらが築いたとも言えないのである。従来なら、「横堀や丸馬出があれば武田の城」という評価がなされていたケースがほとんどであったが、近年の発掘調査成果等から、徳川氏による横堀・丸馬出の使用が確実な状況となってきた。そこで、改めて従来武田の城という評価がされてきた城の中で、徳川氏による改修としても、全く問題ない城について考えてみたい。

まず、近年発掘調査が進展する諏訪原城である。巨大な丸馬出を多用する武田氏の縄張の典型として評価されており、その縄張は武田家中でも築城の名手として知られた馬場美濃守信房の手によったと伝えられている。城は、天正元年（一五七三）、武田勝頼によって大井川渡河地点の確保と徳川方の東遠江の拠点・掛川城の牽制、併せて高天神城攻略の前線基地として築かれた。高天神攻略後は、その兵站基地としての役割を担うこととなる。天正三年五月、長篠合戦で勝利した家康は、六月から八月にかけて諏訪原城を攻め、八月二十三日に落城に追い込み、翌日城へと入城している。六月二十四日に、光明城を落城させた後、主力部隊を諏訪原に結集したと考えられ、都合二ヵ月程を要したことになろう。城を接収した家康は、牧野城と改称し、松平家忠に命じ改修工事が実施された。『家忠日記』によれば、天正六年三月十一〜十八日、八月八日〜二十日、九月四日〜七日、同七年三月十日〜二十二日、十月一日、十一月五日、同八年四月二十三日、同九年六月十三日、十二月二十一日〜二十七日と、極めて多くの普請に関わる記載が見られる。内容は、「番普請」「堀普請」「市場普請」「屏普請」「門普請」が見られる。家忠が普請に携わるのは、天正六年からであり、城を接収した天正三年八月〜同五年までの二年余の期間については、不明であるが、高天神攻めや駿河侵攻の基地として利用しており、当然改修があったとするのが妥当であろう。このように、諸記録からもかなりの改修が実施されたことが判明する。牧野城になって、城が大きく変化したことを、発掘調査成果が裏付ける。本曲輪では、焼土層を挟んで二時期の遺構面が確認されており、下層が勝頼段階、上層が徳川段階として間違いない。だが、二の曲輪より外については、遺構面は一面のみであり、焼土層も確認できない。二の曲輪北馬出では、惣曲輪への土橋前面に土塁に挟まれた礎石城門が検出されており、礎石配置や

二の曲輪で検出された礎石城門

規模から薬医門となることが確実である。二の曲輪北馬出は、巨大な二の曲輪中馬出の重ね馬出として機能しており、二の曲輪中馬出及び東側の外堀と一連の普請によることも確実である。二の曲輪北馬出の遺構面は一面であり、徳川の手によった可能性が極めて高い。従って、二の曲輪中馬出、外堀も徳川の手によったとするのが妥当であろう。当然、外堀と一連となって機能する巨大な二の曲輪大手馬出も徳川段階ということになろう。

武田段階における巨大な馬出は確認されておらず、現時点で確実に武田段階と比定される丸馬出は、興国寺城のみでしかない。諏訪原城の場合、本曲輪及び二の曲輪南馬出、同東馬出という小規模な馬出、二の曲輪東内馬出北側の小規模な空堀が武田段階の可能性が残るだけで、諏訪原城に残る巨大な空堀や丸馬出は、天正三年以降の徳川氏による改修によって完成したとするのが、現時点での最も正当な評価であろう。

次に、田中城についてみておきたい。田中城は、方形の本丸を中心に四重の堀を同心円状にめぐらせた縄張として知られている。また、虎口外に六ヵ所もの丸馬出が存在する城でもある。城

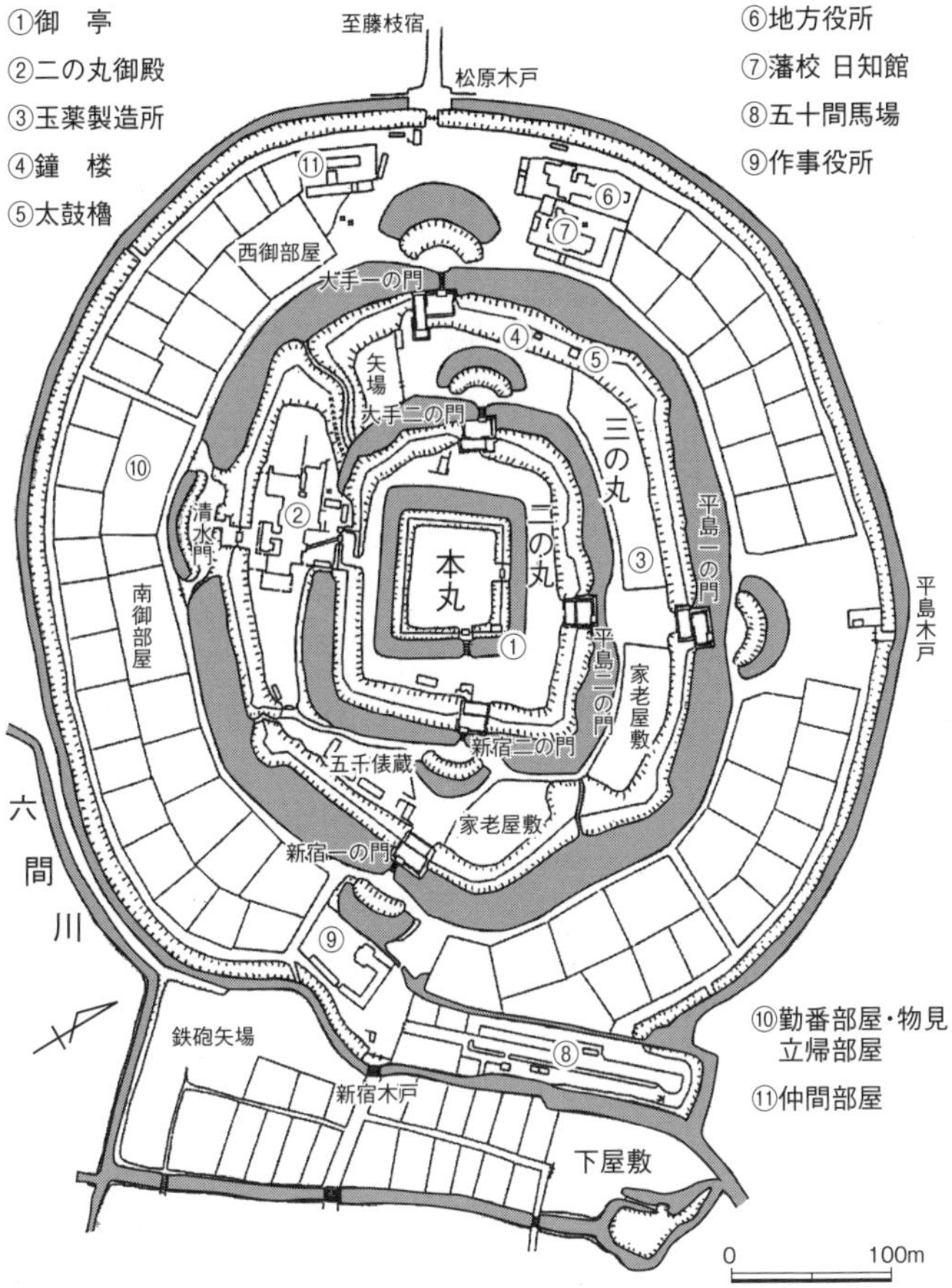

第20図　田中城内配置図（幕末）（作図：前田利久）

は、元亀元年（一五七〇）武田信玄の手に落ちたが、「元来堅固な地に候のあいだ、普請には及ばず」として、改修は実施されなかったようである。天正三年、長篠合戦での敗戦によって駿河の防衛拠点とするため、急遽勝頼の手によって改修されたとするのが妥当で、天正十年の穴山信君内通まで、武田方の城として機能していた。関ヶ原合戦後に入城した酒井忠利が、円形の外曲輪を設け、城が完成したと言われ、それより中は、勝頼段階に完成していたとされる。だが、城の構造をよく見ると、本丸及び二の丸は方形、それより外角が円形を呈している。丸馬出も、二の丸南北に各一ヵ所ずつで、東西虎口外には採用されていない。二の丸を取り囲む三の丸の外堀は、本丸堀・二の丸堀と異なり規模も大きく、丸馬出も東西南北四ヵ所に設けられたうえ、その規模もまた増している。発掘調査等が実施されていないことや、文献資料も残されていないため、推定の域を出ないが、明らかに三の丸より外は、内郭部と規模が異なっている。勝頼段階が二の丸まで、三の丸は、天正十年から十八年の間に徳川の手によって増築されたとしても、全く問題ないと考える。

磐田市の社山城もまた、武田・徳川どちらの手によったかが判然としない。社山城は、磐田原台地の北端部の標高一三六メートルの独立丘陵上に築かれた山城で、本丸からは二俣城、浜松城が一望される。元亀三年、遠江へと侵入した武田信玄は、二俣城攻略のために「見付之台より合代嶋へ押上て陣取」と『三河物語』に記されている。社山城を含む一帯が合代嶋と呼ばれ、さらに周辺域に城郭遺構は存在しないため、社山に信玄本陣が置かれたと考えるのが妥当である。なお、北方約二キロの地点に亀井戸城が存在し、ここに陣が置かれたとする説もあるが、亀井戸城比定地に、城郭遺構は確認できない。確かに削平地等は存在するが、曲輪として認定できる平場でもなく、堀等の施設も確認できない。二俣城が武田方の手に落ちた翌天正元年、家康は二俣城の備えとして社山に砦を構えたと『熙庵遺書』等の記録に見られる。社山城は、本曲輪の北～西～南にかけて途中崖地形を挟むものの、約一〇〇メートルに渡って横堀が配されている。城の廃城年代が不明なため何とも言えないが、北遠地域から武田勢力が一掃される天正四年まで城が機能していたとしたら、武田・徳川両氏のどちらの手によった城としても問題ない。従来は、横堀の存在から「武田の城」との評価が下されるであろうが、現在は両者どちらも築城可能という見解にならざるを得ない。「丸馬出」「横堀」があれば、武田という従前の考えでは納まらない状況なのである。

社山城本曲輪西下の横堀

次に、山間部に位置する二つの城について考えてみたい。まず、鶴ヶ城である。城は、三河との国境近く、西から流れる相川と南流する吉沢川の合流点の標

鶴ヶ城本曲輪南東下の横堀

高約三二〇メートルの山頂部を中心に築かれている。本曲輪からは、信州と東三河を結ぶ主要街道であり、分岐すれば設楽、足助という三河山間部へも続く重要な別所街道（信州往還）を見下ろすことが可能で、この街道を押さえる目的を担う城であったことが確実である。山頂部に位置する本曲輪を中心に、派生する尾根筋に曲輪を配した小規模な城である。本曲輪の周りに現状で幅約二メートル・深さ約二メートルの横堀と土塁が廻っている。本城の築城に関する文献記録は見られず、残された遺構から築城年代を推定するしかない。武田氏の手によったとするなら、元亀三年の信玄の奥三河侵攻以降、天正四年までの間ということになり、信玄死後の勝頼の手によった城ということになろう。目的は、信濃から東三河へ進出するルート確保ということになる。対して、徳川の手によったとするなら、北遠江から武田勢力を一掃した天正四年以降ということになる。当然、信濃からの武田軍の侵攻を監視する役目を担っていたことになる。現時点では、両者いずれの可能性もあり、どちらかに絞り込むことは難しい。また、後述するが、天正十年以降に徳川の手によって改修されたことも想定の範囲である。

次に、大井川の最上流川根本町に位置する小長谷《こながや》城である。戦国期の奥大井の地は、山道を利用して甲斐・信濃へ抜けるだけでなく、駿河と遠江の山間部を結ぶ重要な交通の要衝であった。城は、大井川を西に見下ろす標高三二〇メートルの丘陵末端に築かれている。台形を呈す主郭は、南側の河岸段丘の崖を除く三方を幅約一〇メートル程の空堀と土塁とで区画されている。北東隅の虎口前面に丸馬出、さらにその外側にも馬出を配す重ね馬出の遺構が残る。鶴ヶ城同様、築城に関する記録は残らないが、元亀三年武田信玄が、小長谷山城守の軍功を賞して知行三貫目を与えているため、同年を前後して武田方となっていたことが判明する。駿河から続く山間部のルート確保のために、勝頼が改修を施した可能性は高い。だが、鶴ヶ城同様に、天正十年以降に徳川の手によって改修されたことも想定の範囲である。

以上、従来武田氏特有の技術とされてきた丸馬出・横堀が存在する県内の四城についてまとめてみた。丸馬出・横堀というだけで、必ずしも武田系城郭という結論が早急に導き出せないのである。従来、武田系城郭の典型と言われてきた諏訪原城が、発掘調査の進展に伴い、徳川改修の可能性が高まってきた。五〇メートル前後の規模を持つ巨大な丸馬出は、武田というよりむしろ徳川を代表する遺構とするのが妥当ではないだろうか。

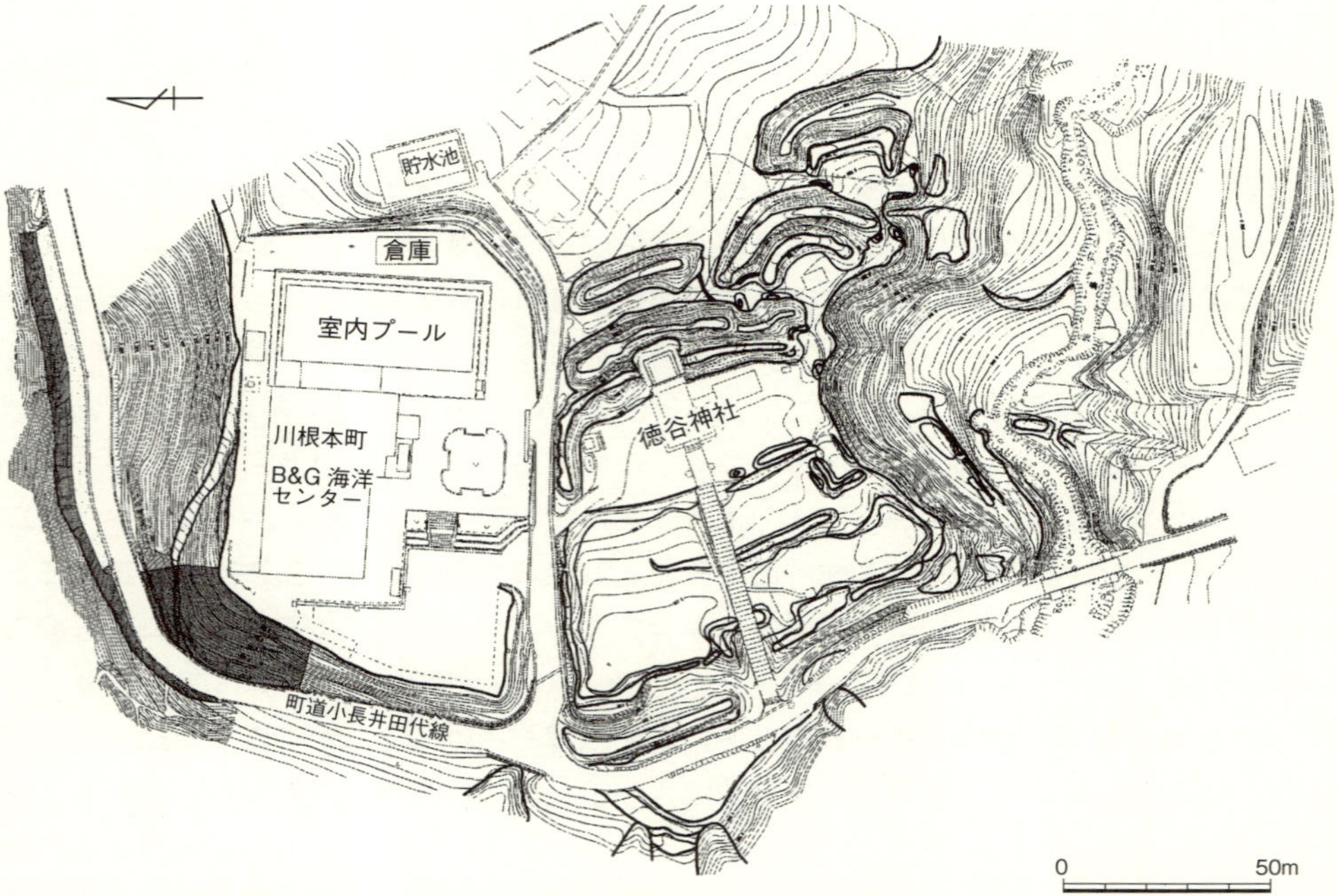

第21図　小長谷城概略図（『小長谷城址』2008　川根本町教育委員会より転載）

第五章
家康、五ヵ国領有時代の城

山中城西櫓南東下の堀障子

本能寺の変と小牧・長久手合戦

天正十年、織田信長は木曾義昌の反乱に呼応して、遂に武田攻めを開始した。信長・信忠の主力軍は信州伊奈口から二手に分かれて進軍、家康は駿河口から小山城・田中城を経て駿府へ攻め入ると、武田家の重臣・穴山信君が家康方に寝返った。家康は、そのまま甲斐へと侵攻した。同時に、飛騨口から金森長近、関東口から北条氏政も武田領へ侵入。信濃・高遠城のみ激しい抵抗を見せたが、瞬く間に甲斐まで攻め入った。勝頼は、新府城から天目山を目指し山中へ逃げ込んだが、途上の田野でついに追手に捕捉され、嫡男の信勝や正室の北条夫人とともに自害した。ここに、甲斐武田氏は滅亡したのである。戦後、家康に駿河一国、甲斐は河尻秀隆に、信濃四郡を森長可、滝川一益に上野国が分け与えられた。

五月、家康と穴山信君は、安土に御礼参り、その足で堺へと向かった。そこで、本能寺の変が勃発、信長が明智光秀に討たれてしまう。家康は、急遽伊賀越えで岡崎城に戻り、信長の弔い合戦に備えたが、電光石火の中国大返しで戻った羽柴秀吉に遅れをとってしまった。信長・信忠の両人を失った織田政権の後継争いを尻目に、家康は甲斐・信濃へと侵攻。甲斐国の領有をめぐって、北条氏政・氏直父子と対立するものの、やがて和議が成立し、甲・信両国は家康支配下となった。家康は、三河・遠江に加え、駿河、さらに信濃・甲斐の五ヵ国(石高制が完成した時での計算では、五ヵ国で約一三〇万石)を領有する大大名へとのし上がったのである。家康は、急激に拡大した領国経営のために、今川遺臣、武田遺臣を積極的に召し抱え、新領国の経営に乗り出した。領国拡大に伴い、本城や支城体制、交通網の整備が急務となり、特に境目の城を充実する必要性が生まれたのである。甲斐国は、躑躅ヶ崎館（山梨県甲府市）に平岩親吉、谷村城（山梨県都留市）に鳥居元忠、信濃国は、小諸城（長野県小諸市）に依田信守、高島城（長野県諏訪市）に諏訪頼忠、田口城（長野県佐久市）に柴田康忠、深志城（長野県松本市）に小笠原貞慶、高遠城（長野県伊那市）に保科正直等を配している。この他、牧野島城（長野県信州新町）、飯山城（長野県飯山市）、大島城（長野県松川町）も存続しているが、城の整備状況等は判然としない。

一方、信長亡き後の織田家後継者争いは、逆心・明智光秀を討った羽柴秀吉がリード、着々と勢力を拡大していった。天正十一年には、織田家宿老の柴田勝家を賤ヶ岳に破り、北ノ庄城で自害させた。さらに、勝家に味方した信長の三男・信孝は切腹、佐久間盛政は斬首、滝川一益も所領没収。秀吉は信長後継者の地位を確実にし、畿内中枢部をほぼ支配下に置いた。この秀吉に対し、家康は表面上友好関係を保っていた。大坂城を築き、織田後継の地位をはっきりと打ち出すと、信長の次男・信雄が秀吉と対立、信雄は家康に支援を求めて来る。家康も、強大化する秀吉に楔を打ち込み、対等の地位を主張しておく必要性を感じたのか、未だ秀吉に臣従していない長宗我部元親や紀州の根来・雑賀一党とも結び、秀吉包囲の態勢を築こうとした。天正十二年三月、家康は兵を率いて清洲へ向い、信雄軍と合流。信雄方の犬山城が陥落すると、小牧山に陣を敷いた。一方秀吉は、楽田に陣し、ここに両者が対峙し、小牧・長久手合戦が始まるのであった。秀吉軍一〇万、信雄・家康軍一万六千と言われている。家康は、動員兵力もさることながら、最新鋭の軍備を持つ秀吉軍との差も解っており、十分な準備と対策を行ったと推定される。残された文書から、領内の人々の内、一五歳～六〇歳までの郷民を残らず動員し、旗や武器なども用意させていたことが判明する。双方、軍事衝突を想定して出陣したが、主力の激突には至っていない。唯一の戦闘が、家康を小牧山に釘付けしている間に、三河岡崎城を秀吉方の池田恒興・森長可らの一隊が襲撃しようとした戦いである。家康は、事前に情報をキャッチしており、池田恒興父子、森長可は討死、秀吉軍は家康によって翻弄されてしまった。その後、両軍の膠着状態が続き、十一月に秀吉と信雄の講和が成立。家康は、戦う名目も無くなったため、浜松城へと戻っている。およそ八か月に渡る戦闘であったが、両軍は数多くの陣城を構築し、相手方の侵攻に備えている。この合戦後も、家康は秀吉に対する警戒を解くことなく領内の古構えを改修し、秀吉の侵攻に備えたことが推定される。家康にとって、最も危険地帯が美濃との国境である。奥三河から北遠江の国境及び主要街道を押さえる必要性が生まれた。三河長篠城は、近年の発掘調査成果から、天正後半期までの存続が確実となり、現在の大規模な土塁と空堀の改修が、小牧・長久手合戦前後としても、何ら問題もない状況である。また、古宮城(愛知県新城市)も同様に、この時期の徳川改修があったことも想定されよう。前述の、鶴ヶ城、小長谷城もついても、対秀吉のための改修があったとしても問題はない。この時期、秀吉方への備えとして、東海道筋の城郭の整備拡張も実施されたようで、久野城や諏訪原城、田中城という諸城にその痕跡を見ることが出来る。久野城については、本曲輪北下に廻る大規模な横堀が発掘調査によって検出されている。徳川氏が横堀を採用するのは、前述のように天正三年以降のことであるため、この横堀もその時期ということになる。戦略的見地の中で、久野城の防備強化が必要となるのは、小牧・長久手合戦前後の緊張関係の時期しか考えようがない。おそらく、浜松城、掛川城等の普請も実施された可能性は高い。この時期の改修が、最も解りやすいのが諏訪原城である。諏訪原城には、西側前面にコ字を呈す大手曲輪が付設されている。明らかに、全体構造の中でも異質であり、時期をずらした増築と推定されよう。約一〇〇メートル四方程の土塁と空堀で区画された方形曲輪を付設し、その前面には丸馬出も設けられている。従来、この大手曲輪が『家忠日記』に見られる普請という見解がされてきたが、発掘調査成果等から二の曲輪から西側及び二ヵ所の巨大丸馬出こそが、それにあたる可能性が高まってきた。当然、この方形区画は、それ以降の付設とするなら、小牧・長久手合戦に

諏訪原城大手南外堀を見る

伴う緊張関係の中での普請と考えられる。田中城についても、前項で指摘したように、二の丸を取り囲む三の丸の外堀は、本丸堀・二の丸堀と異なり規模も大きく、丸馬出も東西南北四ヵ所に設けられたうえ、その規模もまた増している。この増築も小牧・長久手合戦後の緊張関係によって増築されたと考えたい。

天正十四年、家康は秀吉の妹・朝日姫を正室に迎え、生母大政所が見舞いを名目に岡崎に赴いている。家康も、事ここに至りついに上洛し、大坂城で秀吉と対面し臣従を誓った。

駿府築城と諸城の改修

小牧・長久手合戦の翌天正十三年、家康は五ヵ国領有の拠点とするため、新城の築城を開始する。五ヵ国領有の拠点とするには、浜松城では西により過ぎていた。新たな領国となった甲斐・信濃を掌握するためにも、居城の移転は不可欠であった。家康は、かつての駿河守護今川氏の居館があった駿府の地を選択。駿府の地は、小田原と並び繁栄を誇る町であった。また、遠江を新領国に加えた時、敵方の最先端近くの浜松に城を移している。駿府の地も、新領国の端近くに位置している。浜松城、駿府城という新城造営の選地を見ると、家康が常に先を見据えた居城配置としていたことが判明する。これは、同盟者であった織田信長の居城移転と共通し、常に領国拡張を考えた行動であった。しかし、東領国の北条氏嫡男氏直に次女督姫を嫁がせており、すでに強固な同盟関係が築かれていたのである。この時期、三河以来の宿老である岡崎城主・石川数正が突如出奔し、秀吉配下となる事件が起こっている。家康は、すぐさま岡崎城に入り、城の修築を命じ、家臣に動揺しないよう命ずることになる。この後、家康は上洛し秀吉と対面し、臣従することを誓うが、すでに北条氏との同盟は強固となっており、駿河・相模の境目の城の破却も同意し、双方が城を破却している。

駿府への居城移転は、五ヵ国領有の拠点とするには、浜松の地が西に寄り過ぎているためということであるが、確かに甲斐に向かうには駿府は便利であるが、信濃を考えれば浜松からの街道がより整備されていた。家康が東に拠点を移そうとしたのは、万が一秀吉と対立した場合、駿府の方がより強固な防衛ラインを構築できると考えたためではないだろうか。浜松の地は、西から見れば天竜川を背後に背負う場所である。また、岡崎城、吉田城という拠点で防ぐとしても、三河を越えれば、浜松は目と鼻の先である。より東に移転することで、天竜川、大井川の大河が行く手を阻み、さらに浜松城も支城と出来る上、久野城、掛川城、諏訪原城、田中城が東海道を進軍する敵への備えともなる。駿府への居城移転は、対豊臣も考慮した極めて深い意味合いがあったのではないだろうか。そのため、これら街道筋の城が五ヵ国領有後に整備されたのであろう。

天正期に築かれた家康の駿府城については、後の改変が著しくほとんど解っていない。遺構そのものは残されていないが、築城工事の様子については、『家忠日記』に多少記されている。天正十三年八月「石垣普請候」「御屋敷普請出来候」、同年十二月から翌十四年一月まで「普請候」の記載が、実に二十五回を数える。同年、十二月四日「殿様今日駿へ御座候由候」と記さ

現在の駿府城中心部（本丸跡）を望む

れ、家康が駿府城へ入ったことが判明する。同十五年二月「石とり候」、三月「石かけの根石をき候」、十月「こまのたん石かけ候」、十一月「こまのたんの石かけ出来候」「二のくるは石かけ候」、同十六年二月「石とり候」と、大規模な石垣工事を伝える記載は見られないが、「石垣」「石かけ」「根石」「石とり」と石垣に関すると考えられる記載や、「こまのたん」「二のくるわ」に石垣を積んだと思われる記載も見られる。また、『当代記』の天正十五年丁亥二月には「駿河府中の石垣の普請あり、去る去る年より、事始めあるといえども、上方不快の間、指て事行ず。いま、秀吉公入魂せしめたまい、普請且々出来の間、浜松より北の方をも引越し給う。」とある。これらは、極めて特筆される出来事である。従来の徳川の城には、全く石垣は採用されておらず、石に関する記録すら見られない。駿府築城を開始した天正十三年前後を境として、家康も石垣の必要性を痛感し、何とか取り入れようとした表れとも捉えられるし、秀吉と昵懇になったので工事が進んだということは豊臣配下になったことで、工人集団の貸与があったとも考えられる。この時の駿府城の石垣がどの程度あったかははっきりしないが、織豊系城郭のように総石垣が採用されてはおらず、部分的に門や重要地点のみの低石垣の可能性が高い。なぜなら、関東移封後の江戸城の様子や、駿府領内に分布する石材確保の場所、関東移封後に家康配下の有力武将達が築いた城の状況等を見れば、この時点での家康の持つ工人集団や技術力が推察されるからである。前述の『家忠日記』には、建物についての記載も見られ興味深い。建物について触れているのはわずかであるが、「てんしゆの（才木）てつたい普請あたり候」とある。明らかに、天守を上げたとか築いたという記述は無いため、「てんしゆ」がそのまま「天守」のことなのかははっきりしない。「殿主」という可能性も捨て難い。『北条五代記』には「所々の角々には殿主を建おき…」とあり、明らかに「天守」とは異なる「殿主」が存在したことが判明する。駿府城については、現時点でこの「てんしゆ」が、どちらであるかは判然としない。双方の可能性があるということである。いずれにしろ、この時点で「石垣」「石かけ」「てんしゆ」が登場してくることにより、家康の築城技術が確実に進歩していることが判明する。

五ヵ国領有後から小牧・長久手合戦を経て、豊臣に臣従する天正十五年の間に、東海道筋や三河・遠江の間道に面した城の整備や改修があった可能性を考えてみた。駿府築城も、同一線上の目的とも捉えられよう。駿府を守備するにあたっては、西側の峠越え、いわゆる宇津谷峠を押さえることは極めて重要なポイントで、今川氏も丸子城、花沢城、持舟城、徳之一色城を配置することで防備を固めていた。その丸子城がいつ整備改修されたかが、判然としない。現在残る最終段階の城は、今川政権下のものではなく、それ以後の極めて大規模な改修によって完成したしろである。駿府防備の要である丸子城について、考えておきたい。

『武徳編年集成』によれば、永禄十一年、駿河を手中にした武田信玄は、山県昌景に二五〇〇人をつけて丸子城に陣域を構えさせ、花沢城他の今川方諸城に対する守りを固めている。元亀元年（一五七〇）には、諸賀《もろが》兵部大輔・関甚五兵衛を在番とし、天正六年には屋代勝永が入城している。長篠合戦後、遠江における武田勢力は減退、天正四年に至ると、高天神城を中心とした東遠地域のみを残すだけとなってしまう。勝頼は、遠江における戦局の圧倒的不利を悟り、駿河国を固める必要性が生まれた。この時期、丸子城は大きく改修を受けたと推定される。城は、標高一四〇・一メートルの尾根先端上に築かれ、東西は大きな谷、南に丸子川をひかえる要害の地に位置している。逆L字状の尾根筋南西端に本曲輪を置き、堀切や竪堀によって区画しつつ二の曲輪、三の曲輪、北曲輪が一列に配されている。大手口と推定される東側に三日月堀を持つ馬出状の曲輪、搦手となる西側には丸馬出が設けられた。丸馬出南北斜面には竪堀が配され、北側尾根筋を完全に遮断している。各曲輪には西側にのみ土塁を設け、その下には丸馬出状の堡塁を二ヵ所に配した長大な横堀が配されている。従来、丸馬出・竪堀・横堀を有機的に配した武田系山城

丸子城大手口の三日月堀

の完成形態を示す城として評価されてきた。勝頼の手によって大幅な改修を受けたことは間違いないが、武田滅亡後家康は松平備後守を駐留させている。廃城の記録は無く、天正十八年の家康関東移封に伴いその使命を終えたと考えられている。丸子城は、武田時代から徳川時代を通じて、駿府へ至る街道を押さえる役割を担っていたことは間違いない。対豊臣を想定した家康が、宇津谷越えを放置しておいたことは考えにくく、天正十年以降十四年までの間に、改修を実施し、駿府防衛の一翼とした可能性も高い。

五ヵ国を領有する大大名となり、秀吉と並ぶ実力を保持した家康が、豊臣支配下に組み入れられるまでの間、何ら対策を講じずにいたとする方が考えにくく、西側からの侵入を想定し街道筋の諸城の整備改修を実施した可能性は高い。この間、本格的な武力衝突までには至らなかったが、小牧・長久手合戦という対立も勃発しており、家康としてもただ手をこまねいているわけにはいかなかった。最悪の事態を想定し、豊臣軍の侵攻に対する怠りない備えをしたのであろう。それが、街道筋に面した諸城の整備であり、三河・遠江国境地帯の城の整備に繋がったのではないだろうか。天正十五年には、駿府城も完成。家康は、九州征伐から凱旋した秀吉に祝いを述べるために上洛している。従って、対豊臣に備えた城郭改修は、天正十年から十四年までの間のことで、以後は「上方不快」という事態を生むような表だった軍備増強は控えたのであろう。

秀吉襲来に備えた北条氏の城

天正十六年、後陽成天皇の聚楽第（京都市）行幸に併せ、諸大名は関白秀吉への絶対服従という誓紙を提出、家康もその諸大名の一人であった。このころより、秀吉の天下統一に従わない小田原北条氏との間に軋轢が生まれつつあった。家康は、秀吉に従うものの、北条氏直に次女・督姫を嫁がせており、同盟関係も強固なものであった。家康は、秀吉の軍事力・経済力を認めており、北条氏が対抗出来る力が無いことを十分認識していた。すでに、天正十四年、秀吉から「関東惣無事令」を通達された家康は、これを北条氏に伝え従うよう勧めている。「惣無事令」とは、地域間、個々の事情による武力紛争の停止と、その原因を関白秀吉が裁定し平和的解決を行うので全権を委ねよということを命じた法令であった。戦国大名間の私戦を禁止し、豊臣政権の裁定に従わない場合は、政権が誅伐するということになる。家康は、縁戚でもある氏政・氏直父子に誓書を送って秀吉との謁見を勧めるなど、両者の間を取り持とうとした。北条氏も、事ここに至り遂に氏政の弟氏規を上洛させた。

氏政・氏直父子は、秀吉との戦いも考え、小田原城の防御機能を拡充し、領内の支城の修築を実施し、武器・兵糧の確保を始めた。秀吉軍が東海道を進軍してくることを想定し、箱根山中に足柄城（小山町）・山中城（三島市）・韮山城の三つの城による防御線を設け防ごうとした。天正十五年から、山中城・足柄城の防備増強工事は進められており、ここに防衛ラインの拠点を置こうとしたのである。

山中城は、街道を城内に取り込むことで、敵方を殲滅しようとした城である。駿東から続く三島道と、伊豆から続く韮山道は、山中城出丸下で合流し、城を通過した後箱根峠を越え小田原へと向かっていた。城は、本丸を中心にここから派生する三本の尾根筋を利用し、曲輪を配している。西に延びる尾根筋に二の丸、元西櫓、西の丸、西櫓、北側に北の丸、ラオシバを、南に三の丸、南櫓を置き、その先に岱崎出丸を設けていた。本丸から西に延びる尾根筋

山中城岱崎出丸の堀障子

が最も強固な防備が施されており、堀障子（堀の底を畝で仕切った畝堀と障子の桟のように畝を掘り残した空堀）によって、各曲輪が囲まれていた。この曲輪間は土橋や木橋によって結ばれている。最も南側の岱崎出丸には、箱根街道に沿うように長大な堀障子が配された。小田原へと続く街道を城内に取り込み、ここを押さえる関となることを目的とした城であるが、街道への攻撃を主眼に拡張が施されたため、城が街道を包み込むように長く伸び、相互補完機能が薄れてしまっている。

足柄城北西より見た本城

　足柄城も、山中城同様に足柄街道を城内に取り込み、常に頭上攻撃が可能なように土塁などを配置している。街道も城内では、屈曲させたり空堀内を通したり、大きな段差を設けるなど様々な工夫を凝らして街道への攻撃を容易にしている。最も高所に本城を置き、ここから北西部に延びる尾根上を利用して、五つの曲輪が連続する構造で、絵図では、全ての曲輪の四周に土塁が廻り、堀切によって各曲輪が独立する構造となっている。当初、堀障子を設けていたが、豊臣軍の侵攻に備え、巨大な空堀と連続する竪堀によって、完全に曲輪間を遮断したことが発掘調査で確認されている。技巧的な堀障子から、より実戦的な巨大な空堀へと変化させることが臨戦体制下で行われているのは、極めて興味深い事例である。

韮山城は、天ヶ岳、主郭が置かれた龍城山、主郭北西麓の字「御座敷」の三地区から構成される広大な城砦群である。標高一二八メートルの山頂部に一〇メートル四方程の曲輪を設け天ヶ岳砦とし、ここから延びる尾根筋に三ヵ所の砦が置かれている。北東尾根先端に江川砦、西尾根先端に土手和田砦、南西尾根筋に和田砦で、残存状況の良い土手和田砦には、土塁及び堀障子が見られる。天ヶ岳砦から続く北西部の尾根先端が主郭となる龍城山で、三条の巨大な堀切を配すことで、独立性を保っている。南北約一〇〇メートル、東西約四一メートルの細長い尾根筋上に、北から三の曲輪・権現曲輪・二の曲輪・本曲輪・塩蔵の五つの曲輪が一列に連なっている。三の曲輪と権現曲輪間の堀底が大手と考えられ、鍵の手に折れて三の曲輪へと続く。各曲輪は土塁で囲まれ、堀切等で区画される。本曲輪の南方に位置する一五×一〇メートルの小曲輪は、周囲を高い土塁に囲まれ、入口部には石積みが残る。塩蔵との伝承があるが、位置・構造から「焔硝蔵」とするのが妥当であろう。御座敷は、現在韮山高校となっているが、周辺域で数度の発掘調査が実施されており、大規模な堀障子が数回にわたって構築されたことが判明している。

このように北条氏は、家康を通じ和平交渉を進めながら、対豊臣に備えた軍備拡張も進める和戦両方向を進めたのである。

北条氏は、三浦半島に拠点を置く三浦水軍と、伊豆半島に拠点を持つ伊豆水軍の二つの水軍を

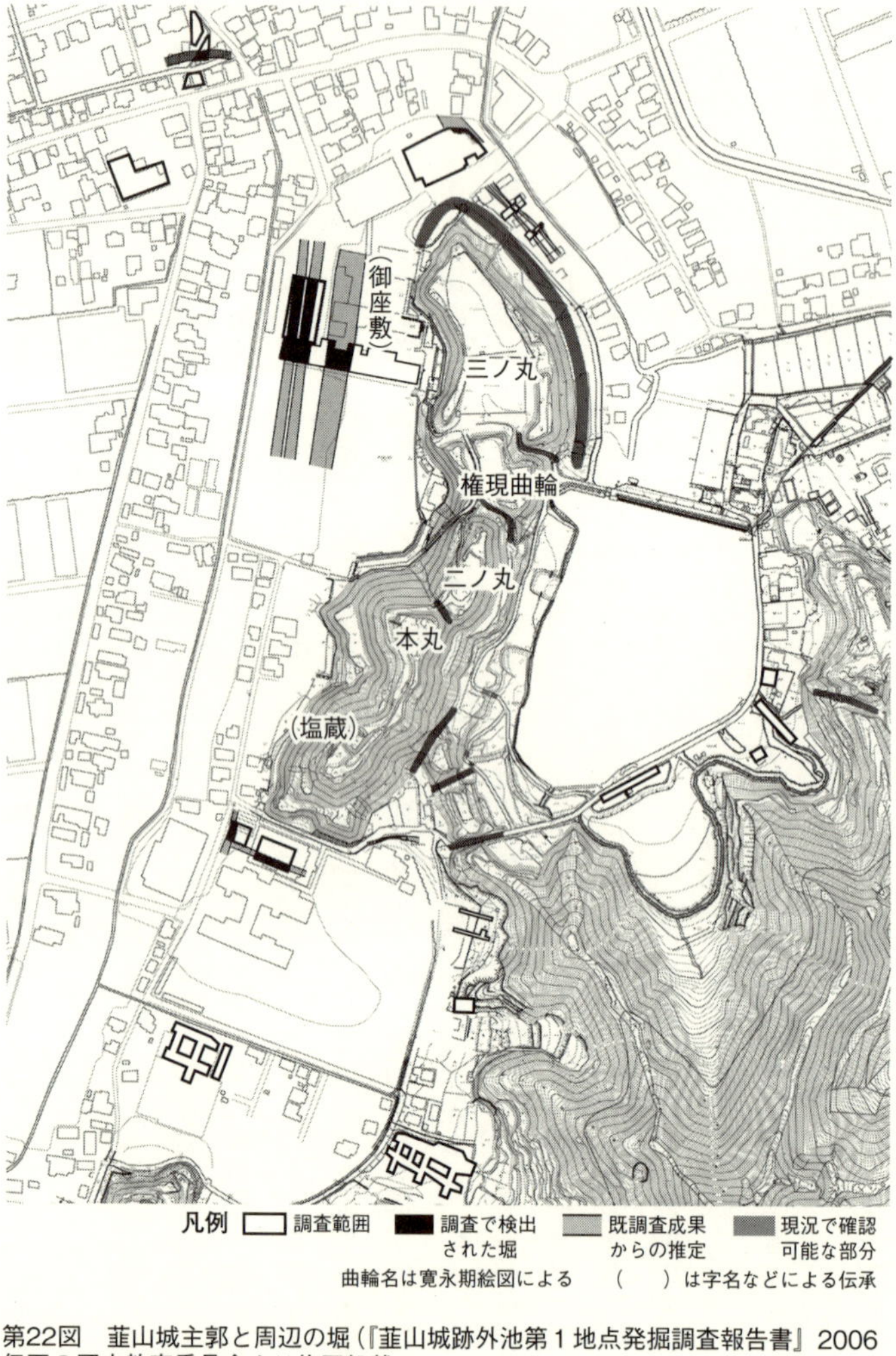

第22図　韮山城主郭と周辺の堀（『韮山城跡外池第１地点発掘調査報告書』2006 伊豆の国市教育委員会より修正転載

組織していた。北条水軍は、江戸湾を巡る攻防の中で組織・編成されたもので、伊豆水軍は天正年間に入り、武田氏と駿河湾で戦う必要性が生じたために新たに組織されたものである。当初の水軍基地は、重須《おもす》湊（沼津市）に置かれ、天正七年長浜に「船掛場」が築かれた。翌八年、駿河湾海戦では、水軍大将・梶原景宗が長浜城に入っており、駿河湾に主力が移ったのであろう。

長浜城（沼津市）は、発端状山《ほったんじょうやま》から延びる尾根先端部に築かれ、陸続きとなる南側以外は、陰野川河口や内浦湾に面しており、あたかも湾に浮かぶ孤島のようでもある。標高約三〇メートルの最高所に主郭を置き、堀切を配して東に一段低く長方形を呈す二郭を、さらに一段低い三郭、堀切を挟んで四郭の四つの曲輪で構成されている。主郭から湾に向かう尾根筋上には階段状の小曲輪が四ヵ所見られる。正面口は、三郭の東南端で、発掘調査により門跡と推定される遺構が検出されている。極めて興味深いのが主郭と二郭の間に設けられた堀切で、基盤となる凝灰岩を掘り込んで造られているが、堀中に畝が掘り残されていた。岩盤地形でも北条氏は、堀障子を設けていたのである。船溜りは、南西下の陰野川河口にあったとされるが、現状では判然としない。

北条氏は、秀吉水軍の来襲に備え、西海岸を重視、丸山城（伊豆市）、安良里《あらり》城、田子城（共に西伊豆町）などを整備したが、現状で明瞭な船溜りと考えられる遺構を見ることは出来ない。唯一、丸山城の駿河湾に突出した出丸（物見曲輪）の東側に海へと続く水路が残り、かつて入江が存在した痕跡を留めている。

南伊豆の拠点とすべく、天正十六年に大改修されたのが下田城（下田市）で、下田湾に突き出

第23図　長浜城跡全体図（沼津市教育委員会）

た鵜島と呼ばれる半島上に築かれている。南伊豆における制海権の確保と、城の北側稲生沢《いのうざわ》河口付近に設けられた船溜りの安全確保を目的としていた。標高約六九メートルの主郭から延びる細長い稜線上に曲輪群が展開するが、自然地形の制約を受け、曲輪はいずれも細長くて小さい。西側尾根続きとなる部分には谷が入り込み、さらに曲輪に沿って配された土塁と横堀によって遮断されている。主郭から派生する尾根は、いずれも痩せ尾根であるため、曲輪は長方形を呈した細長い形にならざるを得ず、主要施設を置くだけの広さは確保出来ない。そのため、主要施設は最高所から北に派生する尾根と、東に派生する尾根に挟まれた中腹から海岸線に設け、その下に船溜りがあったということになろう。山上に広がる曲輪群は、曲輪というより中枢部を守る土塁のような意味づけで、その土塁上に、湊を守備することと、制海権確保のための見張り台が配された城であった。大規模な横堀内部には、北条氏特有の畝が見られ、堀障子となっている。この堀障子は、船溜りを取り囲むように西から南、そして東と三方の外側に集中配置されており、城の守るべき拠点が判明する。下田城は、籠って守るための城として整備されたのではなく、制海権を確保するための出撃基地として整備されたのである。

　下田城から東伊豆海岸に沿って、約一〇キロ北上した河津川の河口北側の大日山（城山）頂部に河津城は築かれている。方形を呈した主郭と一段低い副郭のみの城で、鞍部を利用し、ここに堀切を設け尾根筋を遮断している。構造等から軍事拠点として整備されたのではなく、海上ルート及び河津川河口の湊の出入りを監視する目的で改修されたと考えられる。後北条氏は、湊や海

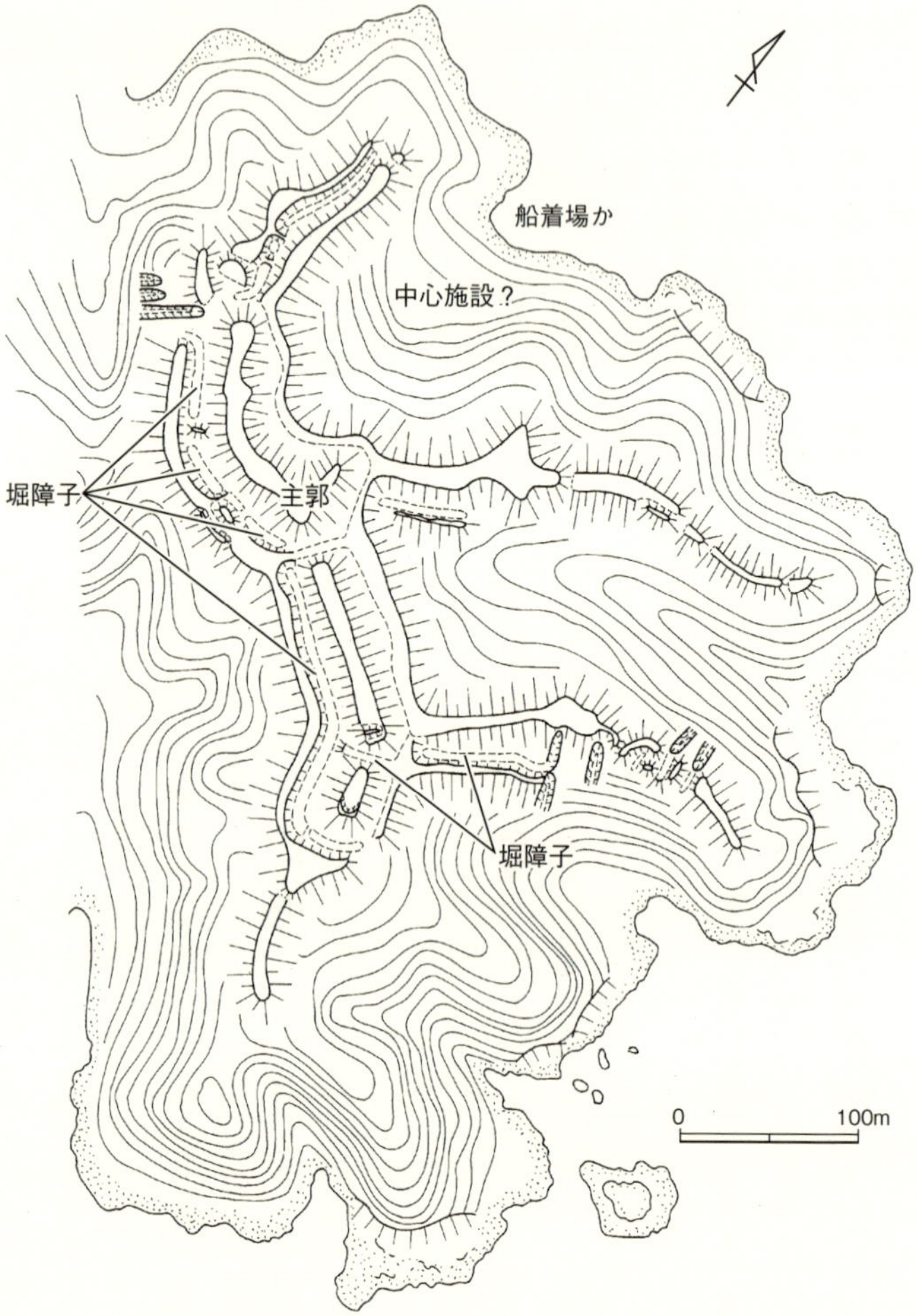

第24図　下田城跡概要図

河津城跡より見た今井浜

上の監視を目的とした小規模の城をいくつか築き、伊豆半島の制海権を保持しようとしたのである。

伊東大川の中流域、相模灘から四キロ奥まった標高三一一メートルの山上に築かれたのが鎌田城で、西伊豆と東伊豆を結ぶ街道を押さえる役目を担う城と考えられる。主郭・二の郭を中心に、帯曲輪状の小曲輪が中枢部の周囲に廻らされている。中枢部の南東端に二重堀切を配し城域を設定、東側には幅約一五メートル、長さ三〇メートルで両端が竪堀へと続く堀切を設けている。虎口は、北東斜面に配され、竪堀を巧みに六条入れることで、通路は鍵の手に折れを繰り返すことになる。伊豆半島では、来るべき豊臣軍に対抗するため、水軍の城を中心に防備強化が実施されたが、街道に面した城も怠りなく整備が図られた。北条氏は、豊臣軍の侵攻に備え、伊豆半島から駿河に防衛ラインを構築し、豊臣軍の攻撃を分散し時を稼ぎ、最後は謙信・信玄ですら落とせなかった小田原城に籠って、大軍になるであろう豊臣軍の兵糧切れを待つことにしたのである。

徳川・豊臣が築いた城

上洛し秀吉に臣従する和平交渉を進める一方、万が一に備えた軍備増強策により、北条氏側は臨戦態勢が出来上がりつつあった。和戦両派で揺れる天正十七年、沼田支配を命じられた氏邦の重臣・猪俣邦憲が、真田領内へ侵入し、名胡桃城を落城させる事件が勃発。真田昌幸は、すぐさま秀吉に注進した。「惣無事令」違約に秀吉が激怒し、北条氏直に宣戦布告、諸大名に出陣命令を出した。ついに小田原合戦の幕が切って落とされたのである。先鋒を命じられた徳川家康勢は三万、東海道北上軍一四万余、別働隊の北国勢三万五千、水軍一万四千の合計二二万余の軍勢が小田原へと向かった。先鋒を命じられた家康は、天正十八年二月十日に駿府を出陣し、二十四日には長久保城に着陣。同日尾州の先鋒が沼津に着陣、翌二十五日に織田信雄が沼津着陣、三月三日には秀次が沼津着陣、二十七日には、秀吉本隊三万二千が沼津三枚橋城に着陣している。

豊臣全軍が集結するにあたって、家康は前年より松平家忠に命じ、木材を多数切り出させている。また、御茶屋や陣屋を普請したとの記載も見られる。木材は、豊臣軍の陣所のための木材と考えられる。この他、記録にこそ見られないが、三枚橋城を始め、駿東諸城を整備し、東海道北上軍の陣所及び駐屯地として利用したことは想像に難くない。この時期、家康による普請が推定される城は、蒲原城、千福城、長久保城、深沢城、三枚橋城などで、興国寺城などでは三の丸に軍勢を駐屯させたことも想定される。蒲原城の南東山麓部の三の曲輪は、全体構造から見ても異

深沢城本丸と富士山を望む

質で、明らかに後の付設と推定される。山麓部に設けられた大規模な平場は、豊臣軍の駐屯地として利用するために、徳川氏が造成したと考えたい。同様に、深沢城に残る堀幅が二〇メートルを越える巨大な堀は、家康が前線基地もしくは駐屯地として利用するために大改修を施した可能性が高い。千福城も、南東山麓部の巨大な平坦部は、軍の駐屯としても問題はない。長久保城では、コンパクトにまとまった本丸・二の丸の東外側に巨大な三の丸が付設している。記録にも、家康が小田原合戦にあたり陣所として利用したことが確実で、巨大な平場は駐屯地・兵站基地としての利用が想定されよう。秀吉が着陣した三枚橋城は、後世の改変が著しく改修の程度は判然としないが、秀次、信雄等も沼津に着陣していることから、かなり大掛かりの陣所普請があったと考えられる。また、富士川に船橋を架ける等、東海道北上軍が容易に進軍出来るよう、様々な準備をしたことは間違いない。

三月二十九日、最前線に位置する山中城攻めが開始された。羽柴秀次率いる七万の軍勢が、わずか四千で籠る城に猛烈な力攻めをかけた。両軍ともに激しい鉄砲戦を展開、豊臣軍は一柳直末など多くの戦死者を出すものの、圧倒的な兵力差によって半日で落城させた。その後、鷹之巣城、足柄城を攻略し、先鋒隊は五日後には小田原へと到着している。北条氏規が守備する韮山城は、天然の要害で容易に陥落する気配を見せなかった。そのため包囲網を構築し、持久戦に対応する最小限の兵力のみを残し、主力の織田信雄等は小田原方面へと転進したのである。韮山城は、陥落まで追い込まなくとも、行く手を防ぐ城ではなく、城を抜け出し背後から攻撃さえされなければよかったのであろう。秀吉は、加藤清正に「韮山義も付城堀、塀・柵出来候、是又可被干殺候」と、鍋島直茂には「堀をほりまわし、掘(塀)棚(柵)を丈夫相付、鳥之かよひも無之被仰付候」と書状を送っている。『家忠日記』天正十八年三月八日条には「八日庚戌雨降、明後日十日ニにら山表ニ御取手可有之由御ふれ候、」とあり、韮山攻めの砦構築の記載が見られる。豊臣軍は、蟻の這い出る隙間も無い程の厳重な包囲網を設け、城を取り囲んだのである。豊臣軍が構築した付城は九ヵ所で、北側に堤信遠陣城、東側に太閤陣屋陣城、香山寺陣城、浄念寺陣城、山木兼高陣城、本立寺陣城、上山田陣城、追越山陣城、昌渓院陣城、西側に木戸稲荷陣城であった。平野部に築かれた陣城は、後世の改変によって姿を消したが、山中に築かれた陣城には良好

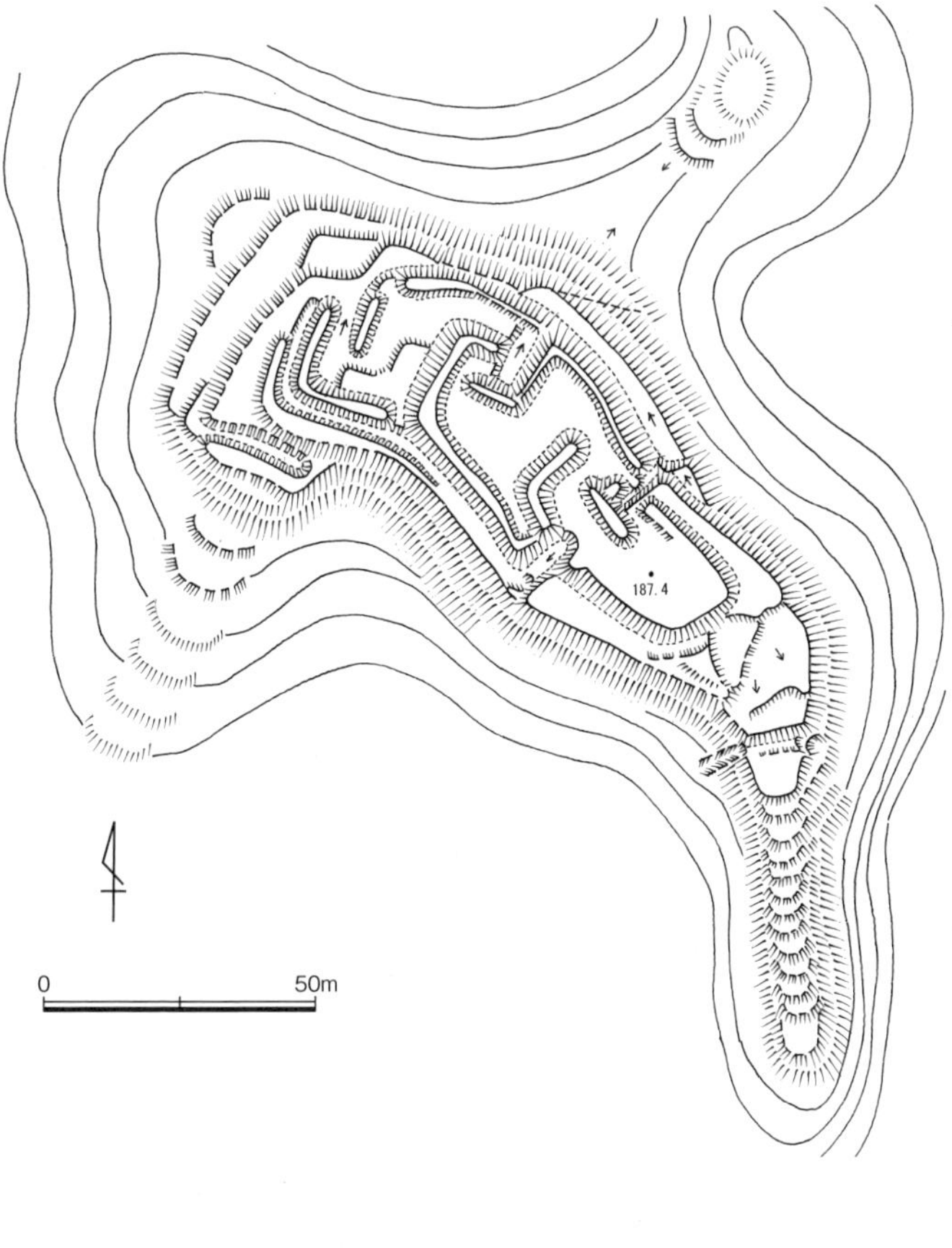

第25図　上山田城跡概要図（作図：中井　均）

に遺構が残存している。特に、標高一八七メートルの山頂に築かれた前野長康陣所である上山田城は、当時の豊臣軍の陣城形態を良く留めている。上山田陣城は、主郭・副郭のみで構成されているが、大規模な土塁で曲輪を囲み、虎口は土塁を屈曲させ鍵の手に曲げ、横矢を掛ける工夫が見られる。主郭内部にもL字状の土塁を構え、曲輪内部を仕切ると共に、通路を規制している。この上山田城から韮山城側に下った尾根先端部に追越山城が築かれている。正面に天ヶ岳が位置し、包囲網の東側最前線となる。主郭に、L字状の土塁を廻すのみで、土塁による屈曲や通路を規制するなどの工夫には欠ける。主郭周囲に配された帯曲輪状の削平地は、階段状に続き、将兵の駐屯地として利用された可能性が高い。韮山城包囲網を形成した砦群は、単独で機能するのではなく、各砦群を柵や塀で繋ぎ、駐屯地、兵站基地、陣所などの機能分化があったと考えられる。落城させるというより、囲い込んで自落するのを持つために築かれた陣城であり、城兵が城から出ずに籠っているように仕向けるための城だったのである。

北条氏の想定した箱根山中での持久作戦は脆くも崩れ、豊臣軍は大きな抵抗を受けることなく小田原城へと迫った。秀吉は、箱根湯本の早雲寺に本陣を置き、諸将は小田原城を取り巻くようにそれぞれ陣を張って、包囲網を布いた。城の北方丘陵上に、羽柴秀次や宇喜多秀家ら一門衆を、東側平地部に徳川家康らの外様勢、西側には池田輝政、細川忠興らの直属部隊を配し、相模灘の海上を水軍が封鎖した。まさに、蟻の這い出る隙間も無いほどに取り囲んだのである。

秀吉は、長期滞陣が確実な情勢になると、小田原城をはじめその包囲陣を眼下に見下ろす笠掛山（石垣山）に密かに築城工事を開始した。陣城とはいうものの、関東初の総石垣の城で、驚くべきことに瓦葺きの天守までもが存在した。築城工事の進展と共に、北国勢による支城網の各個撃破や徳川軍の下総攻撃により、小田原城は孤立。支城との連絡を絶たれた城内の士気低下は、退けられない状況となった。北条方からの離反の動きが見え始めた頃、遂に石垣山城が完成、一斉に周囲の樹木が切り払われた。北条方は、一夜で城が出現したかと勘違いし、著しく戦意を喪失してしまう。小田原城に籠り続けた北条方に決定的な打撃をもたらした石垣山城は、一夜城なる伝説を生んだのである。

石垣山城南曲輪の石垣

籠城二ヵ月半、遂に北条氏直は降伏、開城した。秀吉は、首謀者として北条氏政、氏照、松田憲秀、大道寺繁政の四人に切腹を申し付け、北条征伐を終えた。当主氏直は、家康の娘婿ということで助命、高野山へ追放された。

北条五代の本拠地・小田原城は「城の中に街がある」と形容されるほどの大城郭で、小田原合戦時には周囲九キロ余に及ぶ惣構で囲い込まれていた。当時の小田原城は、上方で発展した織豊系城郭とは異なり、中世以来の伝統的な土造りが主体であった。石垣や広大な規模の水堀は無く、あくまで巨大な土塁と空堀によって守備された我国最大規模の中世城郭だったのである。だが、あくまで籠城戦を想定した守勢一辺倒の増築で、当初から長期戦に持ち込み、豊臣軍の食料・兵站不足による撤退をねらっていたことが窺える。結局、城を巡る攻防はほとんどなく、互いの陣から鉄砲を撃ちあう程度であった。戦らしい出来事と言えば、北条方の太田氏房が蒲生勢に夜撃ちを仕掛けたこと、井伊直政が蓑曲輪に夜襲を仕掛けたこと、捨曲輪を巡る攻防があったことなど、通常なら小競り合いの範疇でおさまる出来事だけでしかない。鉄壁の防御を誇る城を築きあげた北条軍、関東初の石垣・瓦葺建物を築いた秀吉であったが、両者共に城は全く実戦で使用されていない。二〇万を越える兵力で囲まれた北条軍は、鉄壁の防御を誇る城を築き上げたにも関わらず、実戦で効力を発揮することなく、内部崩壊により自壊してしまった。時代は大きく変化し、戦法までも従来の常識が通用しない時代になったのである。

秀吉が陣城として築いた石垣山城が、関東というより東海地方以東の城で初の総石垣・瓦葺建物を持つ城であった。小田原合戦で、当時最新鋭の技術を駆使して城を築き上げたことが、この後の東海地方の諸城に大きな影響を与えることになる。

第六章
豊臣系大名の城

掛川城復興天守

徳川家康の関東移封と新領主の入封

北条攻めが終結し、秀吉は小田原城で合戦の論功行賞を実施、最大の功労者である家康に北条氏の旧領の関八州が与えられた。かわりに旧領、駿河・遠江・三河・甲斐・信濃の五ヵ国は収公され、織田信雄に与えられることになった。しかし信雄は、織田本領の尾張に固執し国替えを拒否、秀吉の逆鱗に触れ追放されてしまう。五ヵ国は、甥秀次に与えられ、秀次付宿老たちが遠江・駿河に入封することとなった。

家康の移封に伴い、浜松に十二万石で堀尾吉晴、横須賀には三万石で渡瀬《わたらせ》繁詮《しげあき》、久野に一万六千石で松下之綱、掛川に五万石で山内一豊、駿府には中村一氏が十四万五千石で入封を果たしている。彼らはこぞって大規模な城郭普請を実施する。豊臣系大名の入封に伴い、近世城郭が誕生するわけだが、この時新城築城と同様な大規模な改修工事が実施されたのは、堀尾吉晴の浜松城、堀尾宗光の二俣城、松下之綱の久野城、山内一豊の掛川城、渡瀬繁詮の横須賀城、中村一氏の駿府城、中村一栄の三枚橋城の七城である。豊臣配下の武将によって、それまでの土造りの城は、天守・石垣を持つ近世城郭へと変貌し、面目を一新したのであった。田中城、興国寺城も支城として使用されているが、大きな改修は未実施で、それまでの土造りの城のままだったようである。新領地に配置された場合、城郭の整備より支配権の確立、浸透が最重要課題である。支配権の確立もまたず、住民に多大な負担をもたらす居城の改修に一斉に乗り出した裏には、何らかの緊急を要する要件があったからと考えるのが妥当であろう。

天正十八年以降、豊臣政権が遠江・駿河両国を重要視する理由は、一点しか見当たらない。それは、徳川家康の存在である。織田政権の実質的後継者となった秀吉であったが、常に対徳川に心を砕いている。小牧・長久手合戦は和睦という形で決着を見たが、戦闘では家康に主導権を握られ、手痛い敗北を喫している。位人臣を極め関白に就任し豊臣の姓を受けた後も、実妹旭姫を強制離婚させ、家康に嫁がせた。さらに、実母大政所を旭姫の見舞いと称させ、岡崎へ送り込むなどして家康を上洛させ、大坂城で臣従の礼をとらせている。以後、豊臣支配下に入り、小田原合戦でも先鋒を務めている。秀吉は、家康こそが豊臣政権にとって最大の脅威になりうる存在と認識しており、小田原合戦の論功行賞の名目で、より大坂から遠い関東に封じ込めたのである。小田原戦後の奥州仕置きによって、伊達政宗が豊臣方となり、文字通り家康は、四方を豊臣方の武将に囲まれてしまうのであった。封じ込めるだけでは、安心出来ない。秀吉にとって、徳川家康は豊臣政権を脅かす最も危険な存在であった。

仮に反豊臣の旗を揚げ、家康が上洛をめざすとすれば、当然東海道・東山道を西進しなければならない。そこで、秀吉は家康関東移封と同時に、東海道・東山道沿いに配置した配下の武将に居城の大改修を命じたのである。秀吉が、家康領と接する国を重要視していた文献が若干存在している。一通は、甲府城主加藤光泰が浅野長政に宛てた遺書で「…甲斐国の儀かなめの処、其上御国端に候…」とあり、甲斐国は、豊臣領の東端に位置する重要拠点であることを訴えている。

また、同じく加藤光泰が、家老に宛てた居城改修命令の督促状には「…上様御存分に申付候。…」とあり、秀吉が思う通りの築城工事の許可を与えたとも、秀吉から特に堅固な築城を言い渡されたともとれる内容になっている。いずれにしろ、秀吉が徳川領と接する甲斐国を重要視していたことを、示す文書であることには間違いない。当然、徳川領と接する駿河、信濃も同様な状況であったと思われる。

秀吉は、信長の後継者たる地位を天下に知らしめるため、大坂城という豪華絢爛な城を築いている。また、正親町天皇を迎えるという目的だけで、聚楽第という壮麗な建物を都に出現させ、人々の度肝を抜いた。視角から訴える、秀吉の常套手段の一つである。信長の後継者争いで一歩リードしたのは、山崎の合戦で謀反人明智光秀を破ったからである。その、山崎山に誇らしげに城を築いたのは、城を見るたび明智征伐は、秀吉の手柄であると訴えることを目的としていたとしか考えられない。また、陣城である石垣山城にまで、当時最先端の総石垣、瓦葺建物、そして天守建築を構築する。出自の卑しい秀吉は、譜代の家臣も頼るべき親戚縁者も少ない。自らの手によって豊臣政権を長期安定政権にするほかなかった。

旧徳川領に豊臣新政権の発足と安定を訴えるには、支配の中心である居城の近世化が最も効果的と判断したのではないだろうか。今まで、見たこともない建物に住む支配者。徳川は関東に追いやられ、変わって入封してきたのは、見たこともない壮麗な建物に住む豊臣の家臣である。領民達に新時代の到来を告げるための築城工事でもあった。秀吉が、居城の大改修を命じたのは、徳川家康の西上ルートを押さえることが最重要のポイントであったことは間違いない。併せて、豊臣政権の発足と安定を視角によって訴えたようとしたのである。居城大改修は、一石二鳥の目的を持っていたのである。居城の改修によって、静岡県内に初めて石垣が築かれ、瓦葺建物が建てられ、天守が出現し、城の姿は大きく変わった。

大改修工事によって、城はどう大きく変化したのであろうか。改修工事を受けた城は、ほとんどがその後も存続し、また絵図等の資料も残されている。また、発掘調査によって当時の遺構が検出された城も多い。現時点でわかる範囲の変化をまとめておく。

まず、十二万国で堀尾吉晴が入封した浜松城である。浜松城の城域については、徳川家康が築き上げた構造を取り入れ、大きな変更は無かったと推定される。堀尾氏が行った最大の改造が、石垣の採用と瓦葺建物の導入である。石垣は、近世平城に見られるように、三の丸までを含め全てを石垣で囲い込んだわけではない。主要部を構成する天守曲輪と本丸のみ総石垣とし、他の曲輪では、主要虎口部分にのみ石垣が採用されたようである。

浜松城天守門脇の巨石（鏡石）

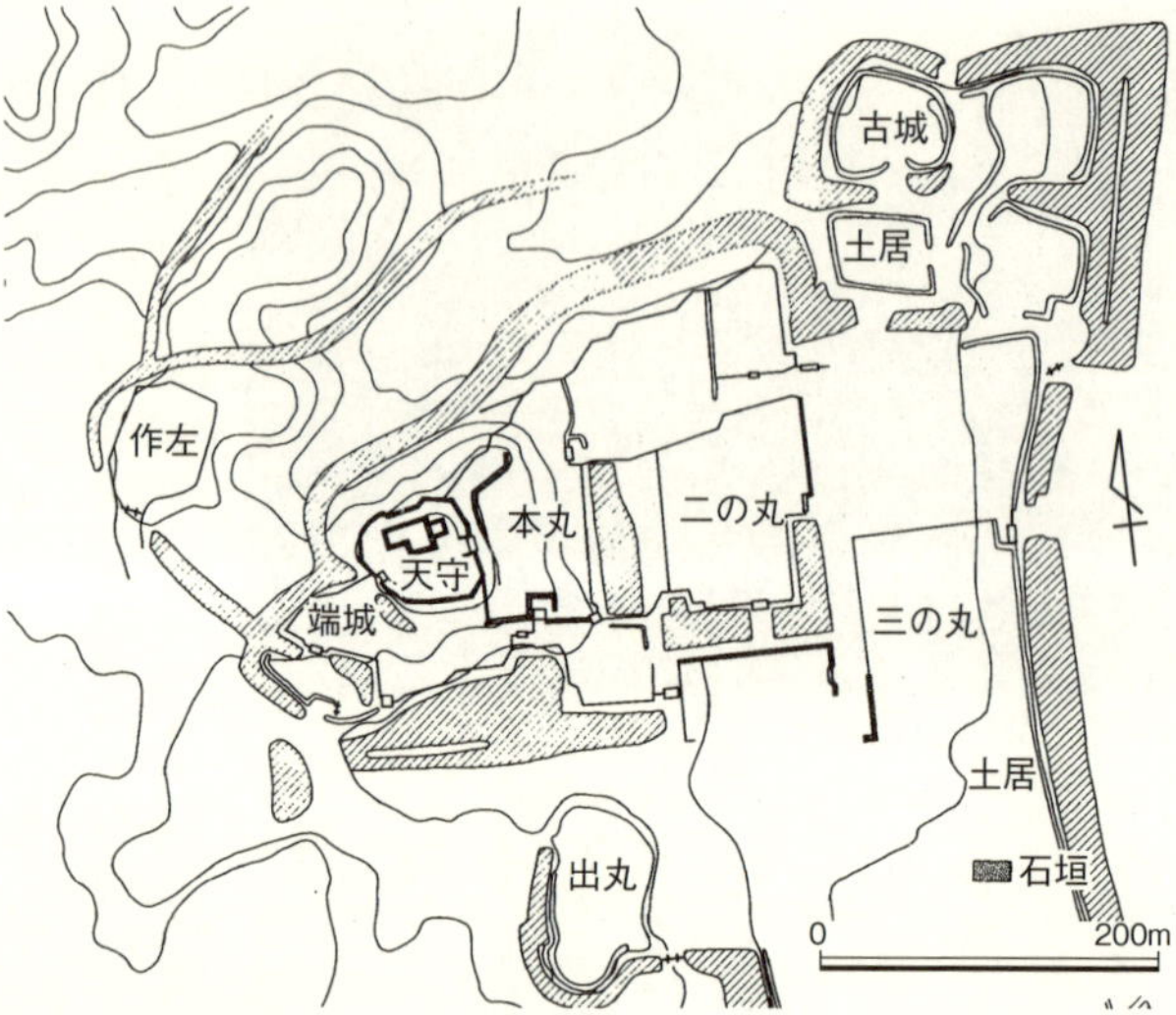

第26図　浜松城概要図

天守曲輪は、中心部に天守を築き、東に櫓門、西に埋門を配し、何基かの隅櫓を多門櫓もしくは土塀で囲い込んでいたと考えられる。本丸は、南に大手を設け、東北にも門を開け、東南隅部に二重櫓、北面にも櫓を配し、中央部に政庁を兼ねた藩主の居館となる御殿が営まれていた。おそらく、東海道を東から浜松に向かうと正面に天守が聳え立つように配されていたのであろう。中枢部に、石垣・天守・櫓や門等の瓦葺建物が立ち並ぶことで、城のイメージは一新され、城下から仰ぎ見ると全く異なる城が生れたと感じたに違いない。この時築かれた天守は、南前面に付櫓が付設する複合式天守で、外観は下見板張りの漆黒の姿で、三重四階・地下一階が想定される。二重櫓の上に、二階建の望楼を載せた構造で、最上階には廻縁が設けられていた可能性が高い。復興天守とは比較にならない大規模な天守と考えられる。石垣の石材は、ほとんどが珪岩（チャート）で、浜名湖北岸の大草山や大知波《おおちば》で切出し、浜名湖水運を利用し佐鳴湖東岸で陸揚げし、その後陸路城まで運んだと考えられる。天守門の両サイド、本丸から天守曲輪への通路脇には径一メートルを越える巨石が数多く残され、高い技術を持った石工集団の存在が推定される。

二俣城天守台

　浜松城の支城として整備された二俣城も、石垣が使用されている。二俣城は対岸の鳥羽山城と併せて機能していたと考えられ、鳥羽山城にも石垣が見られる。二俣城も、構造そのものは変化しておらず、主要部及び南面に石垣が採用された。特に、本丸は総石垣となり、天守台も築かれている。本丸南東隅に表門を置き、本丸は上下二段構成とし、中仕切りの門が本丸内を仕切っていた。

発掘調査で中仕切門の礎石が検出され、瓦葺建物が何棟か建っていたと思われる。天守台の平面規模は、約一〇メートル四方で、丸亀城天守とほぼ同規模である。外観は、大きな入母屋造の櫓

東南より望んだ久野城址

の上に望楼を載せた姿が想定される。対岸に位置する鳥羽山城は、本曲輪の四周が土塁で囲まれ、南北に礎石城門、東に通用口と推定される小規模な門礎石が残る。本丸南口に至る通路は幅六メートルと極めて広く、開放的である。発掘調査では、一片の瓦も出土しておらず、二俣城とは異なり瓦葺建物は存在しなかったと推定される。これらの状況から、軍事的施設というより、御殿建築のみの施設が想定されよう。河岸段丘上の狭い敷地の二俣城を軍事施設とし、対岸の視界が広がる鳥羽山に居住施設を置いたことも考えられる。二俣城の石垣は、浜松城と石材・積み方が同様で、同一工人の手によったとするのが妥当である。

久野城は、わずか一万六千石の城にも関わらず、城内の主要部からは瓦が大量に出土し、多く

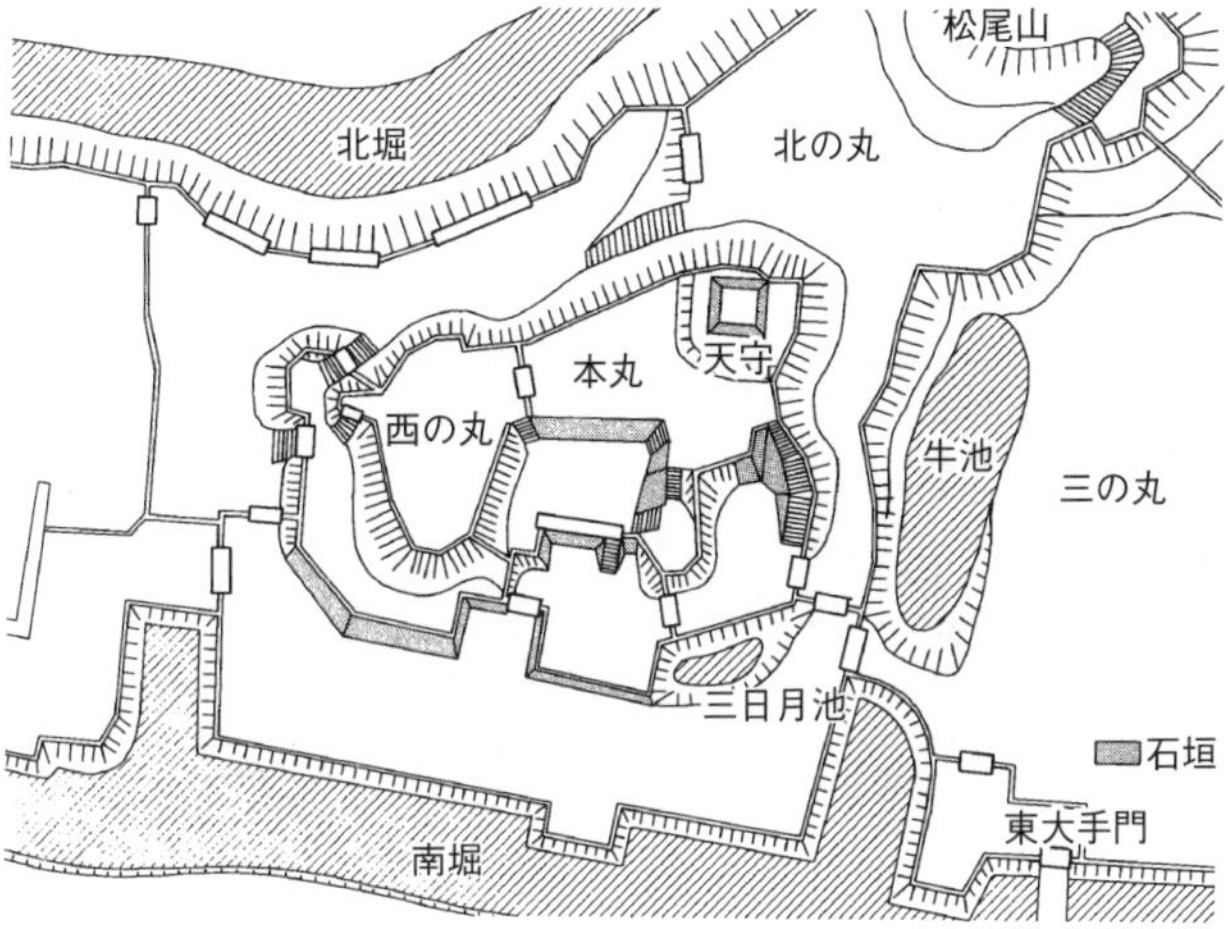

第27図　横須賀城概要図

の瓦葺建物が存在したことが確実である。石垣は、城内では認められず石垣は不採用であったと考えていたが、発掘調査により石材の出土も見られ、また松下重綱の転封理由が、無届の石垣修築であったことからも、かつて石垣が築かれていた可能性が高まった。また、天守も無かったと思われていたが、天守に使用したと考えられる鯱の出土もあり、天守存在の可能性が高まった。本丸そのものの比高もあり、天守は一メートル程の低石垣上に建てられた二重～三重の小型天守が想定される。規模も一階平面で一〇メートル四方程と考えるのが妥当であろう。

横須賀城は、発掘調査が主要部のみならず周辺域でも実施されており、出土瓦から渡瀬～有馬期の城の範囲がほぼ判明している。城域は、現在の本丸・西の丸・北の丸・松尾山までの範囲で、周囲に堀が廻る姿が想定される。天守は、現在の位置と変わらず、大手門が南東隅にあったと考えられる。天守は、一階半分が土塁上に載る特異な形式で、一階平面は一二メートル四方程でほぼ丸岡城天守と同規模になる。三重程度の天守とするのが妥当で、入母屋造の櫓の上に望楼を載せた形式と考えたい。豊臣天守であるため、下見板張の外観で、最上階に廻縁が廻っていたと思われる。横須賀城に使用された石垣石材は、自然の（未加工）川原石で、領内の小笠山丘陵に存在している。極めて異質な石垣で、部分的に見ればまるで古墳の石室のようである。本丸全域を総石垣としたのではなく、本丸の南側と門等の主要部のみ採用されていたと考えられる。天守台も、南側半分のみ石垣で、後方は土居であった。

復興された掛川城大手門

　掛川城は、城域の最高所に天守曲輪を置き、その南下に本丸、東側に二の丸と三の丸、さらに本丸の南下に松尾池を挟んで松尾丸が置かれていた。天守曲輪・本丸が位置する丘陵は周囲が天然の崖地形であったため、石垣は部分的な採用に留まっている。天守台及び主要虎口の脇程度で、他は土居が基本であった。数少ない石垣だが、天守台は高さ八メートルの部分もあり、圧倒的な規模の高石垣が採用されていたことになる。天守を始め、櫓や城門の数も多く、城内の至る所に瓦葺建物が建っていたことになる。天守は、付櫓を持つ複合式天守で、規模は三重と推定される。二重櫓の上に望楼を載せた形式で、やはり下見板張で最上階に廻縁が廻る姿とするのが妥当であろう。本丸の東前面には馬出状の桝形空間が存在し、主要部を固めていた。発掘調査により、本丸が墓地を埋めて造成されていたことが判明している。本丸から天守への登閣路はつづらに折れて延び、石段となっていた。天守曲輪は極めて敷地面積が狭く、御殿等を建設する余裕は無い。従って、一段低い南下に御殿を造営したと考えられる。

駿府城は、県内に入封した豊臣大名最高石高を持つ城であり、さらに豊臣政権の最東端にあたる重要拠点であったため、相応の城が築かれたと考えられるが、城の様子を伝える資料は一点すら存在しない。また、城内外で大規模な発掘調査が実施されているにも関わらず、現時点で中村時代の城郭遺構は確認されていない。現在の城と立地に変化は見られないため、総石垣の平城が想定され、天守も県内最大規模であった可能性が高い。唯一の遺物が金箔瓦で、中村天守は、秀吉の大坂城のように金箔瓦が燦然と輝く豪華絢爛な姿であったと推定される。金箔瓦は、新たに焼かれたものではなく、一氏の前任地水口岡山城から運び込まれたもので、同様の瓦が水口岡山城で出土している。瓦が、不足していたこと、重要なものであったことを物語っている。

駿府城の支城である三枚橋城でも、石垣・瓦葺建物・天守が建てられたことは確実であるが、その後の改変が著しく、中村時代に遡る遺構は判然としない。絵図等から見て、三重天守が存在していたことが想定されよう。

以上、豊臣系大名の入封によって、県内の城は大きく変化し、石垣が積まれ、シンボルとなる天守が挙げられ、城内の至るところに瓦葺建物が出現したのである。徳川時代と大きく異なり、光り輝く城が完成し、城下のどこからも見上げるような存在感があっことであろう。人々は、新しい城を見、豊臣によって天下統一がなされ、平和な時代が到来したことを肌で感じたのである。

瓦から見た駿河・遠江の城

豊臣系大名の入封によって、県内の城に瓦の使用が開始された。まず、どのような瓦が使われていたかを見ておきたい。瓦が実際に使用された年代は、天正末年から文禄期にかけてで、一部慶長初頭のものも存在する。年代の指標となるのは、丸瓦の成形法で、タタラ（粘土を直方体に積み上げたもの）からコビキ（瓦の大きさに応じた粘土板を切り取ること）する道具の違いによって二種類に分類できる。凹面（瓦の裏面）に緩弧線が無数に付いた糸切り状のコビキAと、胎土中にある砂粒の移動した痕が横筋になってあらわれるコビキBの二種類である。畿内では、天正後半期から文禄年間（一五八五～一五九六）にコビキAからBへと転換したことが知られている。県内出土の豊臣系大名が使用した瓦は、全てがコビキA手法によって造られた瓦である。本来なら、コビキB手法の瓦が混在しても全く問題ないわけだが、現時点で出土は見られない。最新鋭の技術力を持っていた畿内と単純比較すると、およそ四五〜五〇年遅れて技術伝播があったということになる。

瓦の年代決定を実施するにコビキ痕とは別に、有力な手がかりとなるのが瓦当部の文様である。軒丸瓦に使用されている三つ巴紋を中心に周りに連珠を廻らすモチーフは、最もオーソドックスで、全国の城郭の屋根瓦の大部分はこの文様である。同一文様ではあるが、三つ巴紋の巻き方向、頭部の接し方、尾部の接し方や伸び方・長さ等かなり個体差が見受けられる。また、周りに廻らされた連珠紋も、数、大きさ、形状等が異なっている。この二つの組み合わせによって、同一文様でありながら、そのバリエーションは非常に多いことになる。

三つ巴紋の頭部が瓦当部中心部から放射状に広がるのが、遠江諸城郭の軒丸瓦の特徴的モチーフと呼べる。このモチーフは、大坂城や聚楽第でも確認されている。軒平瓦は軒丸瓦に比較して、文様構成がよりバラエティにとんでいるため、比較検討が容易であり、前後関係も把握しやすい。県内出土の軒平瓦は、三葉紋を中心飾りとして、脇飾りに均整唐草紋を配したモチーフとなる。このモチーフが城郭建築に持ち込まれたのは、信長の安土城が最初であった。安土城の三葉紋の大部分は、脇二葉の先端が外反している。対して、秀吉の大坂城や聚楽第の三葉紋は、真っ直ぐ伸びるか、先端が丸まっているものが大半を占めている。この文様は、秀吉が姫路城主時代に播磨系工人集団を把握したことによって始まる。その後大坂城を媒体として、全国の秀吉配下の武将の城へと広まったモチーフである。

県内出土瓦の瓦当文様を検討していくと、全てが豊臣系のモチーフを持つ瓦ということが判明する。さらに詳しく追求するなら、豊臣秀吉が天正八年（一五八〇）に築城した姫路城に使用された播磨系瓦のモチーフにまで遡ることができるのである。また、秀吉の石垣山一夜城で使用されたモチーフと同一モチーフでもある。他の瓦も、姫路城・大坂城・聚楽第という秀吉の居城に使用されたモチーフを参考にして造られたことは間違いない。同型とまではいかないが、同一系譜上に位置する瓦なのである。これらのことから、県内城郭に瓦葺き建物が出現したのは、豊臣系大名の入封によっていうことが判明する。当然、天守や石垣という近世城郭の諸要素も同時に持ちこまれたのである。出土瓦から、天正十八年以降に、豊臣系大名たちが県内城郭に初めて瓦葺き建物を構築し、石垣・天守というかつて見たこともない近世城郭を出現させたのであった。

天正十八年に豊臣系大名が入封した城から、ほぼ同一の瓦が出土するということは、何を物語っているのであろうか。軒丸瓦・軒平瓦それぞれの状況から考えてみたい。

軒丸瓦の三つ巴頭部が接し、尾部が接続しない文様は、浜松城・久野城・横須賀城が同型である。久野城については、使い古され木目が浮き出る版木を使用しており、横須賀城との共通項が指摘できる。また、久野城では、瓦当部のひび割れを補修して使用した瓦が存在し、浜松城では上下にひしゃげた瓦も確認されている。横須賀城でも、ひび割れを補修して使用した瓦が確認さ

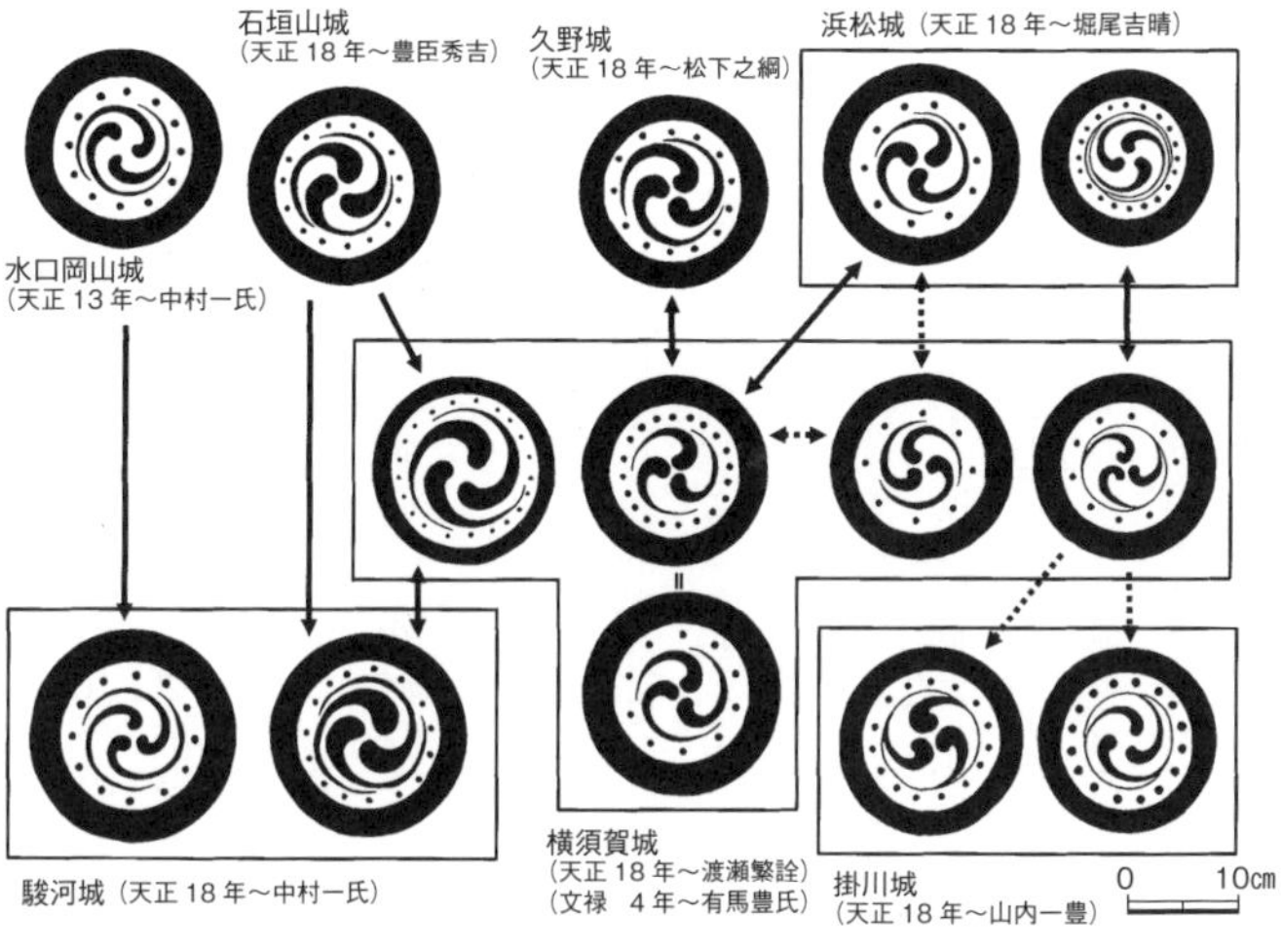

第28図　県内豊臣系城郭軒丸瓦相関図

れた。横須賀城では、同一版木によって、二種類の瓦当文様を造り出している。版木の連珠の部分をあらかじめ埋めておくことによって、連珠紋が二〇個のものと、一〇個のものを造ったのである。極端に三つ巴紋が太いモチーフは、駿府城・横須賀城で出土している。この瓦については、現時点では横須賀城と駿府城でしか確認できない。全く同型ではないが、両瓦ともかなり使い古された版木によっており、文様部が著しくシャープ差を欠いている。

　これらの状況から指摘できることは、県内諸城郭の軒丸瓦の版木の少なさである。同一文様の版木の数が足りなかったためかは判然としないが、横須賀城においては、同種の軒丸瓦版木が二種類以上存在したとは考えにくい状況である。軒丸瓦のバリエーションは、駿府城が四種類、浜松城が三種類、横須賀城が四種類、久野城が二種類、掛川城が二種類である。ただ、横須賀城がかなりの部分の発掘調査を実施しているが、掛川城を除く他の周辺諸城郭は、豊臣期と推定される個所の発掘調査が少ないため、現時点で単純には比較できない。

三葉紋を中心飾りとする軒平瓦は、浜松城と横須賀城で同型の瓦が出土している。また、掛川城でも三種類が確認されている。いずれの瓦も、脇飾りの均整唐草紋が二反転のみで、飛び唐草が見られない。同一系譜に位置することは間違いなく、掛川城がより新しい要素の瓦と考えられる。その他、三葉紋を中心飾りとする瓦は、駿府城、久野城でも出土しているが、これらの瓦は系譜を異にする瓦ではあるが、豊臣系の範疇におさまる瓦でもある。

五葉を中心飾りにした軒平瓦は、駿府城・横須賀城で同型の瓦が出土している。また、浜松城・二俣城から、同型と考えられる瓦が出土しているが、両瓦の中心飾りは不明である。そのため、確実に同型とは言えないが、脇飾りの均整唐草紋が同一である。仮に中心飾りが異なっていたとしても、同一系譜上にある瓦には間違いない。

変形三葉紋を中心とする同型と推定される軒平瓦が、久野城と横須賀城から出土している。中心飾りが不明で確実とはいえないが、均整唐草紋と接続点にある子葉が同一であるため、ほぼ同型の瓦と考えて間違いないと思われる。

以上の共通点を簡単にまとめると、駿府城・横須賀城・浜松城・二俣城・久野城で同型の瓦が出土し、掛川城は、同型こそ認められないが、同一系譜に位置する瓦が出土していることになる。

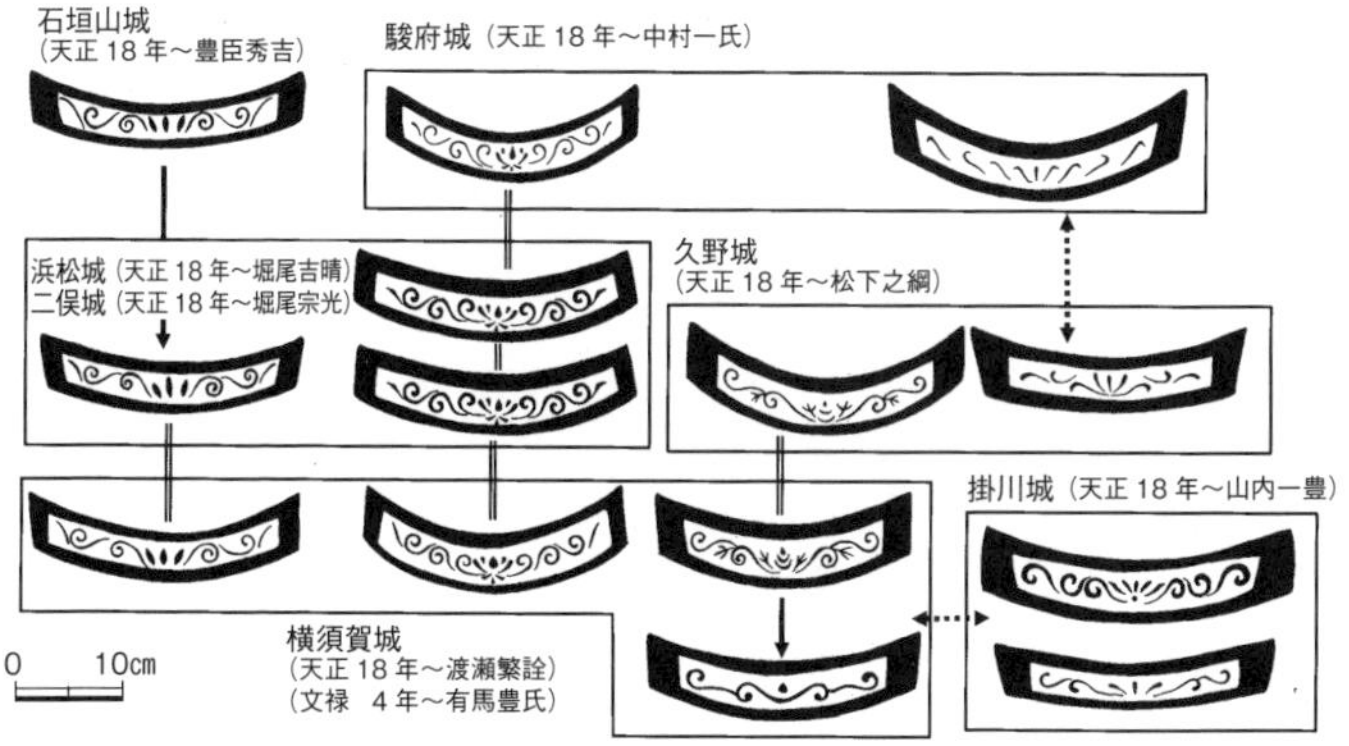

第29図　県内豊臣系城郭軒平瓦相関図

なぜこのように、豊臣配下の県内城郭の城から、共通の文様を持った瓦が出土するのであろうか。同一系譜のものについては、豊臣系の瓦ということで括ることは出来よう。しかし、同型となると、話は全く別問題である。同笵もしくは、同型となると、小丸城・坂本城・勝龍寺城という、かなり離れた地域での使用が確認されている。これは、瓦そのものの絶対数が不足しており、さらに城郭専用瓦が普及していない天正前半期の事例で、寺院の瓦を転用したために起こった特異な事例としての判断が可能である。その他、安土城・松ヶ島城・大溝城の事例、岡山城・下津井城の事例等があるが、これらは、一族間・主家と家老という極めて強い結びつきの元で起こった事例であり、県内諸城郭の事例とは全く異なる状況である。

　同型を示す各城郭と強い結びつきを示す共通点は、存在しない。唯一の共通点といえば、前述のように豊臣配下の武将ということのみである。豊臣配下であったために、起こった現象として捉えれば全く問題はない。また、石垣山一夜城と同型が存在することも説明がつくのである。豊臣配下であったために、特別に起こった現象とするなら、かなりの部分の説明が容易になってくる。

大きな問題点の一つは、版木の不足も含めて、瓦の絶対数の不足の中、石高に関係なく県内諸城郭が瓦葺き建物をほぼ同時に採用している点である。家康の関東移封に伴い、家康旧領の内、駿河・遠江に入封した武将達の居城は前述の七城(内二城は支城)である。この七城の中で、最も石高の少ない久野城主松下之綱は、わずか一万六千石である。少ない石高で、居城の大改修と瓦葺き建物の構築は、経済的負担の上でかなり厳しかったはずである。その上、支配が未浸透の新領地という負担までが付いている。新領地に配置された場合、城郭の整備より支配権の確立、浸透が最重要課題である。支配権の確立もまたず、住民に多大な負担をもたらす居城の改修に一斉に乗り出した裏には、何らかの緊急を要する要件があったからに違いあるまい。

当時、瓦は非常に希少なもので、それを焼く工人集団もまた絶対数が不足していた。そのため、秀吉の京都の邸宅聚楽第でさえ、周辺の寺院から瓦を運び金箔を貼ることによって、聚楽第専用瓦としている。こういう状況の中で、県内諸城郭が一斉に瓦葺き建物を採用したということは、豊臣政権から何らかの命令があったために実施したとしか考えようがない。

その命令の一端を、県内諸城郭の瓦の瓦当文様から推定することができる。まず、県内においても瓦・版木の絶対数の不足を指摘することができる。横須賀城や久野城に見られる木目の浮き出た瓦は、版木の古さを物語っている。同様に、シャープさを失った均整唐草紋の軒平瓦も同様のことが推定される。また、同一版木を使用しながら、版木を目詰さえることで、二タイプを作り出す工夫も版木の不足のなせる技であろう。おまけに、ひしゃげた瓦を使用したり、ひび割れたものを補修して使用したりしている。瓦そのものが、貴重であったために起こった一連の出来事である。

この瓦不足の中で、県内七城郭をどのように一斉に瓦葺きにしたのであろうか。それを解く鍵が、同型瓦なのである。軒丸瓦・軒平瓦ともに豊臣系の瓦ということは、前述の通りである。特に、石垣山一夜城と同型の瓦が多く、石垣山一夜城との強い関連が伺える。石垣山城、駿府城に共通する特徴を持つ軒丸瓦や、石垣山城、浜松城と共通するものも見られる。その他の瓦を含めてモチーフの系譜を探っていけば、聚楽第・大坂城、ひいては姫路城と播磨周辺域にまで遡る。県内の豊臣系の城郭の瓦には、相互間で関連があり、何らかの媒体を通して普及したと思われる。瓦や版木そのものが、豊臣政権からの支給品であったため同型となったのか、共通の工房もしくは工人集団の手によったためなのかは判然としないが、どちらかの可能性が非常に高い。いずれにしても、領国を越えてのことであるため、各領主が独自の采配で実施したのではなく、豊臣政権の命令によって実施したとするのが妥当な線であろう。言うなれば、駿河・遠江配置武将間の協力体制によって瓦葺き建物を構築したということである。

秀吉が、特に重要視していた東海道筋の城郭から、同型の瓦が出土する意味は、対徳川戦略であった可能性が高い。本来なら、個別で築城工事を進めるのが当然のことである。ところが、政権の脅威となる徳川家康を一刻も早く封じ込めてしまいたい。そこで、対徳川という大きな命題のもと、東海道筋の豊臣系武将達が大坂築城工事のような、共同作業によって築城工事を実施した姿が浮かび上がってくるのである。

瓦及び工人集団が少なかったために、遠江・駿河の居城から同型瓦が確認されるということもあるだろうが、十倍程の石高差がある久野城と駿府城が、ほとんど同系の瓦を使用している理由としては、絶対数の不足は理由としては弱すぎないだろうか。一万六千石なら、無理して当時最新の瓦葺建物を採用する必要もあるまい。それでも、あえて瓦葺きに固執している。これは、豊臣政権からの強い命令や全面的バックアップがあったからこその産物とするのが、最も妥当な考えと思われる。命令なり貸与があったからこそ、秀吉の石垣山一夜城と同型の瓦が、横須賀城・駿府城・浜松城から出土するのである。秀吉自らの居城と同型瓦が居城に使用できる。秀吉からの、特別な恩恵によって実現したとしか考えようがない。

さらに、特別な恩恵が東海道筋の各武将達には与えられていた。それは、「朝鮮渡海」・「名護屋在陣」の免除である。秀吉は、小田原征伐・奥州仕置の直後であることを意識し、東国の武将達の軍役を軽くし、西国の武将達の軍役を重くするという措置をとっている。この時の軍役は、軽い奥州武将でも一万石に対し約二百人であった。従って、駿河・遠江で最も石高の高い中村一氏は、本来約三千人以上の負担があったはずである。三千人以上の家臣を連れ、名護屋へ陣を敷き、さらに朝鮮へ渡海する。それ全てが免除されたのである。軍役免除という恩恵は、東海道筋の武将達に、はかりしれない程の余裕を与えたはずである。

「山内家文書」に、秀吉が長さ十八間・幅六間の軍艦造成を山内一豊に対し命じた朱印状が残されており、朝鮮渡海を免じられた武将達には軍艦造成等の使役があったことが伺える。しかし、家臣を連れての朝鮮渡海に比較したら、軍艦造成等は無いに等しい使役であろう。軍役免除は、豊臣秀次が留守居役であったため、関白様御家中衆の東海道筋の武将も同様に免除されたという。この間秀吉は、留守居役の武将達に伏見築城工事を命じている。だが各武将達は、伏見築城工事に、ほとんど手を付けず、自らの居城の改修工事を実施している。では、秀吉の命令を無視してまで続けた居城改修には、どのような意味があったのだろうか。時の最高権力者の命令を無視し、居城の改修をするということは、敵対準備に他ならない。豊臣政権が、このような暴挙を許すはずもない。従って、居城の改修は豊臣政権からの強い命令があったからこそ、最優先で進めたとしか考えようがない。なぜ、東海道筋の居城の大改修を、全てに優先して実施する必要があったのだろうか。その理由は、一つしか見当たらない。関東に封じ込めた家康の西上ルートを確実に押さえるためである。併せて、当時の最先端の技術力を使用した近世城郭を出現させることで、豊臣という天下政権が誕生したことを、家康旧領の人々に知らしめる目的もあったと推定される。

石垣の構築

豊臣系大名によって築かれたと考えられる石垣は、浜松城・二俣城・掛川城・横須賀城・三枚橋城で確認されている。駿府城は、後世の改変が著しく、中村時代の石垣は未確認である。久野城は、発掘調査結果から、石垣使用が推定されるが、石垣そのものは未確認である。石垣の存在する五城にしても、総石垣の城は存在せず、部分によった使い分けがなされている。

浜松城は、天守曲輪及び本丸周辺にのみ総石垣が採用されている。二俣城は、天守台及び本丸虎口部分に限られている。掛川城は、天守台・天守下門脇・三の丸虎口部分と石垣は極端に少ない。横須賀城は、天守台と本丸南面、門周辺部とやはり、重要部分のみの石垣の使用である。三枚橋城については、天守台のみが調査で確認されただけで、他の状況は判然としない。瓦の状況と異なり、石垣構築は全く様相が異なる。秀吉の大坂築城の割普請では、遠江・駿河・三河の大名たちが石垣の共同普請を実施している。だが、県内の石垣を比較する限り、共同作業での構築は見られない。

瓦と石垣を比較した場合、最も異なるのが石材の調達であろう。瓦は、粘土と版木さえあればどこでも製作可能である。しかし、石垣は石材(石切場)が調達できなければ構築できないのである。また、石材運搬も、技術と労力を要した。前述の石垣使用箇所を見ると、重要部分のみの使用で、西国のような総石垣の城は見られない。これは、石材供給地の少なさが原因と考えられ

浜松城天守台石垣

る。そのためか横須賀城では、領内の小笠山周辺域から玉石（河原石）を運び、まるで古墳の石室のような石垣を築き上げている。浜松城・二俣城では、浜名湖北岸に産出する珪岩を石垣に利用している。非常に脆い石材で、石垣には不向きであるが、領内からの産出石材が珪岩しかない状況では、仕方なかったのであろうか。いずれにしろ県内城郭の石垣採用箇所は、街道に面する場所と、天守・門という重要箇所のみに優先使用されており、極めて視覚を意識した使用であることが看守される。

秀吉の大坂城は、信長の後継者という地位を示すためや豊臣政権の権威付けのために築かれたシンボルタワーであった。豊臣系大名たちは、秀吉の大坂城を見本として、地域支配の拠点として瓦・石垣・天守などの最新技術を駆使した城を築き、豊臣政権による安定支配を視覚から訴えようとしたのである。そのため、主要街道に面した部分と重要箇所に石垣を採用し、あたかも西国城郭のように総石垣の城に見えるような工夫を凝らしたのであろう。県内

整備された横須賀城主要部の石垣を見る

に配置された豊臣系大名は、割り普請で石垣構築を割り当てられており、構築に関わる技術者や構築に対する基礎的知識は持ち合わせていたはずである。それにも関わらず、総石垣の城が存在しないのは、石材調達が困難を極めたとするのが妥当である。少ない石材を有効利用したために、重要箇所や見栄えを意識した石垣使用となった可能性が高い。石垣からも、瓦葺き建物導入と同様の目的が垣間見える。

第七章

徳川政権と静岡の城

駿府城巽櫓と東御門

関ヶ原合戦後の駿河・遠江

江戸城に入った家康は、豊臣政権に協力し、天正十九年、奥州の九戸政実の乱が勃発すると出兵し、蒲生氏郷、伊達政宗らと共に鎮圧した。また、朝鮮出兵では渡海こそしなかったが肥前名護屋に長期滞在することになる。江戸に滞在することは無きに等しく、豊臣政権の中枢としての地位を確立し、伏見で政務を行っていた。慶長元年（一五九六）には、内大臣に昇任、正二位に叙され、名実ともに秀吉に次ぐ地位となった。同三年、秀吉が死去すると、政権の主導権をめぐる抗争が表面化する。家康と共に政権を支えていた前田利家が秀吉の後を追うように死去すると、五大老筆頭として、次第に力を発揮、ついに同五年の関ヶ原の合戦に勝利し、実権を握ることに成功した。関ヶ原合戦の論功行賞によって、久野城の松下之綱を除く豊臣恩顧の大名は駿河・遠江から離れ、徳川家臣が再び両国に戻されることとなった。同八年に、松下之綱の子重綱が常陸国小張に移封されたことにより、両国から豊臣大名は一掃されてしまう。

新しく駿河、遠江に入封したのは、三枚橋城に三万石で大久保忠佐、興国寺城に一万石で天野康景、駿府城に四万石で内藤信成、田中城に一万石で酒井忠利、掛川城に三万石で松平（久松）定勝、横須賀城に五万五千石で大須賀忠政、浜松城に五万石で松平（桜井）忠頼と、徳川譜代の武将が加増転封している。なお、人情沙汰から取り潰されていた久野家が、慶長八年再興を許され八千五百石で久野城へ再入城を果たしている。伊豆国はもともと徳川領国であったため、韮山城の内藤信成は引き続き支配を続けたが、前述のように翌年、駿府へ移っている。

慶長六年、関ヶ原合戦に勝利し、論功行賞による諸大名の大規模な配置転換をした家康だが、この段階ではあくまでも豊臣政権の代理執政者としての行為であって、徳川政権が発足したわけではない。大坂城西の丸から伏見城に居を移した家康は、関西の諸大名に二条城造営を命じた。同八年、朝廷より征夷大将軍に任ぜられ、名実ともに天下人となったのである。

興国寺城伝天守台南面石垣

豊臣恩顧の大名に変わり、新たに駿河・遠江に入封した譜代の武将たちが城郭普請を実施した記録は見られない。いずれの城も、天正十八年以降に大規模な改修を実施し、近世城郭としての体裁が整って未だ十年に満たないのである。補修等があったとしても、改修を伴うような規模の大きい普請等は必要としなかったのである。唯一、豊臣政権下において、石垣・瓦葺建物が採用されず、土の城のままであった興国寺城で改修の痕跡が発掘調査により確認された。本丸南虎口で、両側を土塁に囲まれた礎石城門（南北約三・六メートル×東西約五・四メートル）を検出、その規模と配置から櫓門が想定される。興国寺城には、伝天守台と呼ばれる土塁上の方形区画が残り、この前面に石垣が見られる。また、曲輪上面では礎石建物の礎石と考えられる石列群が検出されている。東西方向に二棟並列するのか、連続する建物なのかは判然としない。東側の建物は、二重の礎石列となっており、外側で約七・五×八・五メートル、西側は礎石列の残存状況が悪いが、東側と同規模もしくは若干小規模と推定され、礎石列も二重となっていない。礎石配置から天守もしくは相当建物は考えにくく、煙硝蔵とするのが妥当であろう。なお、両地点共に一片の瓦も出土しておらず、瓦葺建物は未使用であったことが判明する。康景は、城の改修だけでなく藩政においても農政や治水工事に尽力した。慶長十一年、家臣が天領における領民を殺害した問題を巡って本多正純と対立、正純の処断に激怒した康景は城地を放棄して子の康宗とともに出奔し改易、ここに興国寺城は廃城となってしまう。

家康隠居と駿府築城

慶長十年、家康は将軍職を嫡子秀忠に譲り隠居、以後大御所と呼ばれることになる。在任わずか二年余という極めて短い期間で将軍職を譲渡したのは、徳川氏による将軍世襲を豊臣恩顧の大名及び天下に明示すると共に、信長、秀吉の例にならって、朝廷権威から離れ自由な立場での政権運営をし、徳川政権の盤石化を図ろうとしたためと考えられる。

近世城郭には、「隠居丸」（西の丸とも呼ばれる）という名称が残されているように、嫡子に藩主の座を譲ると城内の一角に前藩主の居所が築かれた。金沢城の玉泉院丸や鳥取城の天球丸のように前夫人や姉の居所を築く場合もあった。家康としても、隠居して江戸城内にいてもよかったわけだが、新しく隠居城を築くことになった。慶長十二年、隠居城は駿府と決定し、諸大名に普請が割り当てられた。駿府の地が選ばれたのは、大坂に残る秀吉の遺児・秀頼と西国に配置された豊臣恩顧の大名が結束し、江戸に向かうことを想定したためであろう。万が一の場合、駿府で足止めし、その間に江戸城の防衛態勢を整えさせるねらいがあったと思われる。天竜川・大井川等の大河川に橋を架けさせなかったのもその一環であった。また、江戸にいては京都の朝廷や西国外様大名への十分な対応が出来ない、伏見にいては幕府や新将軍秀忠との距離が離れすぎるということもあり、その中間点で風光明媚で温暖な地が選ばれたと考えられる。

慶長十二年二月十七日に着手された築城工事は、急ピッチで進められ、材木は木曽・吉野・富士山から、石材は安倍川の支流の藁科川流域から運び込まれた。七月三日に本丸が完成、家康が入城している。『当代記』には、本丸は一二〇間四方、高さ九間、殿守の台（天守台）の高さ一三間、二の丸八五〇間、高さ七間と記されている。二の丸工事は、昼夜兼行で引き続き十月まで行われた。ところが、その年の暮れの十二月二十二日、奥女中の火の不始末によって本丸から出火、ほぼ完成した天守を始め、本丸が全焼してしまう。家康は、直ちに再建工事を命じ、禁中御所造営のために上京したばかりの幕府大工頭中井正清を初めとし、京中の大工が駿府へ召喚された。諸大名も再び普請が割り当てられ、翌年三月十四日には再建工事が完成し、家康が移徙している。

天守の規模・外観については、『当代記』や『慶長日記』等に詳しく記載されている。『当代記』には、元段（地階・穴蔵）一〇間×一二間、二之段（一階）一〇間×一二間、三之段（二階）一〇間×一二間、四之段（三階）八間×一〇間、五之段（四階）六間×八間、六之段（五階）五間×六間、物見之段（六階）四間×五間とあり、『慶長日記』には、一の石段（地階・穴蔵）一〇間×一二間、二重目（一階）一〇間×一二間、三重目（二階）九間×一一間、四重目（三階）八間×一〇間、五重目（四階）六間×八間、六重目（五階）五間×六間、七重目物見ノ段と云（六階）四間×五間とある。これらの記載から、六重七階の規模で、一階平面は二二メートル×二三メートルと、天守台（一辺四八メートル四方）の石垣いっぱいに建つ建物でなかったことが判明する。従って、絵図や各種復元では、四周を櫓と多門で囲まれた中央に天守が建てられた姿となっている。

次に、外観について見ておきたい。『当代記』には、元段（地階・穴蔵）四方落椽（縁）あり、二之段（一階）四方欄干あり、三之段（二階）腰屋根瓦、四之段（三階）腰屋根・破風・鬼板、何れも白鑞、五之段（四階）腰屋根・唐破風・鬼板・懸魚《げぎょ》、何れも白鑞、六之段（五階）屋根・破風・鬼板、白鑞、物見之段（六階）屋根銅ヲ以葺之・軒瓦滅金、破風銅、懸魚銀、熨斗《のし》板・鴟吻《しふん》黄金とあり、『慶長日記』には、一の石段（地階・穴蔵）四方落椽（縁）あり、二重目（一階）四方落椽（縁）あり、三重目（二階）各四面ニ欄干アリ、四重目（三階）腰屋根・唐破風・鬼板、何れも白鑞にて作る、五重目（四階）腰屋根・破風・鬼板・懸魚、四重目に同じ、六重目（五階）腰屋根・破

第30図　駿府城天守復元立面図
（復元：三浦正幸／作図：松島悠）

風・鬼板・懸魚、五重目に同じ、七重目物見ノ段と云（六階）屋根銅瓦にて葺、軒瓦は金にて飾り、鵄吻黄金、破風銅、懸魚銀とある。若干の相違はあるものの、一階は二階建てで廻縁と高欄があり屋根は通常の瓦、二重目屋根は通常の瓦、三～五重目の屋根は鉛瓦、最上階屋根は銅瓦で軒瓦は金箔張、熨斗瓦と鯱が黄金の豪華絢爛な姿であったことが判明する。駿府城天守は、我が国初の金属瓦採用の城であった。

家康が築いた慶長期の城域は、従来の城を南・東・北に広げたという『当代記』他の資料から考え、天正期の中村一氏の城を一回り大きくしたことが確実である。駿府城の平面図を見ると、本丸・二の丸と三の丸の主軸方位が大きくずれていることから、三の丸部分こそが拡張された城域とする説もある。家康は、駿府築城にあたって、上方から江戸に向かう東海道からの眺めを重視して天守を築いたようで、宇津野谷峠を越え、安倍川を渡って駿府の町に近づくと、漆黒で光輝く駿府城天守と真っ白な富士山の姿が覇を競うように並びたっていた。東海道を江戸へと向か

駿府城二の丸水路

う外様大名や旅人たちは、日本一の富士山より高い駿府城の天守に圧倒されたであろう。まさに大御所の権勢を示す城だったのである。

華麗な天守は、寛永十二年（一六三五）、城下西寄りの茶町二丁目から出火した火が、折からの強風にあおられて城下町を焼き払い、ついに駿府城まで類焼、天守をはじめほとんどの建造物が灰燼に帰してしまった。天守は、三〇年を満たずして地上から消えたのである。現在残る城跡は、寛永十二年の火災後に再建されたものであるが、基本的な構造は家康の城をそのまま踏襲している。各種絵図から、他に例を見ない本丸堀と二の丸堀を結ぶ水路があり、その上を御水門櫓が渡るという特異な櫓の存在が知られていたが、発掘調査により再確認されている。水路は、四回折れて二つの堀を結んでおり、本丸堀より底面を高くして、高低差を利用して本丸堀との水位を同一に保つ工夫がされており、底は石畳状の石敷きとなっていた。また、水路北側で家康在城時代の敷地を南北に分断する中仕切りが検出され、北側に御殿跡、南側に台所跡が発見され、今まで謎につつまれていた家康の駿府城の姿が徐々に解明されつつある。

家康が駿府に隠居していた慶長十四年、ともに駿府城で生活していた十男の頼宣がわずか八歳で駿府城主となり、駿河・遠江五〇万石を拝領した。頼宣は、元和五年（一六一九）に紀伊和歌山五五万五千石で転封するまで、駿府城に在城している。家康は、元和元年大坂夏の陣で豊臣氏を滅ぼし、徳川政権を盤石なものとした。翌元和二年正月、鷹狩りのため駿河田中に赴いていた際に、腹痛をもよおし苦しみだした。何とか回復したものの、四月十七日に駿府城において七五年の生涯を閉じた。家康の遺体は、遺言に従いその晩即座に久能山に移されている。

元和五年、頼宣の紀伊転封を受けて、駿府城は幕府直轄領となり、松平重勝が城代として入城する。駿河・遠江両国では、掛川・横須賀・久野・浜松藩を除いた地域が幕領となった。この時、近藤秀用《ひでもち》が引佐郡井伊谷村に一万石を持って立藩したが、翌六年長子季用の子・貞用が直臣となったため、領地を分与、再び秀用は旗本となり、井伊谷藩は廃された。寛永元年（一六二四）、秀忠の次男・忠長が五五万石で入封し、再び駿河徳川藩が成立。だが、同九年改易となり、駿府はまたも直轄領となる。掛川城には本多俊次、田中城には久野藩主・北条氏重が在番として置かれた。寛永十七年、北条氏重は一万石の加増を受け、下総関宿へ移され、久野城は横須賀藩預かりとなるが、四年後の正保元年（一六四四）廃城となった。徳川家光の小姓を務め二千石を与えられた加賀爪直澄は、寛永十八年家督と所領九千五〇〇石を継ぐ、都合一万一五〇〇石を領することになったため大名に列し、掛塚藩を立藩した。天和元年

久野城大手口を見る
（一六八一）、後を継いだ直清が旗本の成瀬正章と領地境をめぐり争うが、裁定により直清の落ち度とされ所領没収となり廃藩される。
　廃藩や立藩もあったが、関ヶ原より維新まで変わることなく存続した藩は、駿府を除けば田中藩、横須賀藩、掛川藩、浜松藩のわずか四藩のみである。
　元和五年、久野宗成が紀州徳川家に附属され、伊勢田丸城主として転封すると、北条氏重が入封。大規模な改修工事を実施している。氏重は、本丸・二の丸等丘陵上にある施設をことごとく廃止し、山麓部に中枢を移転、併せて東側の大手口を大改修している。この大手口の改修に併せ、南の丸と大手の間にあった舟入状の堀を埋め立て、山麓平坦面の敷地面積を増やしている。瓦も新規に造り直している。氏重の改修は、城郭部分（軍事施設）の廃止と、藩政部分の拡張であった。石高が一万石ということもあり、豊臣政権が築き上げた、天守や数多くの瓦葺建物を維持管理していくことが難しかったのか、それとも豊臣色を一掃するねらいも見え隠れする。氏重は、最終的に三万石で掛川藩主まで務めることになる。

豊臣政権下に築かれたシンボルとしての天守であるが、掛川城・横須賀城は、維新まで存続したが、浜松城は正保段階ですでに存在せず、天守台のみの姿となっている。地震による倒壊、火災等の焼失という記録も無く、失われた原因は不明である。当初から建てられなかったという説もあるが、天守台より使用瓦が出土しており、天守の存在は確実である。天守を築き上げた堀尾吉晴の石高は十二万石、関ヶ原合戦後から慶長十四年まで城主であった松平忠頼は五万石、慶長十四年〜元和五年までの城主・水野重仲は二万五千石、元和五年〜寛永十五年までの城主・高力忠房は三万一千石と堀尾時代の石高の半分にも満たない。十二万石の巨大天守の修理や維持管理が出来なくなり撤去したのか、東海道に面する豊臣のシンボルであったための撤去なのかは判然としない。掛川城、横須賀城天守が存続したのは、豊臣政権下から江戸期を通じて石高の大きな変動が無かったため、比較的維持管理がしやすかったということも考えられよう。

小島陣屋と相良城・沼津城

宝永元年（一七〇四）、松平（滝脇）信治は、駿河の安倍・有度《うど》・庵原の三郡に知行地を移され一万石の大名諸侯に列したため、庵原郡小島《おじま》の地に陣屋を構えた。小島陣屋は、東海道興津宿から甲州へ向う脇往還沿いの高所に位置している。陣屋は、西から南、東に向かって蛇行するように流れる別当沢の北側段丘上に築かれ、最高所に御殿、西側から南側に石垣で階段状に曲輪を設

小島陣屋跡全景

け士分の屋敷が配置されていた。大手口は南東部にあり、桝形となっている。脇に残る石垣は高さ四メートルと、城内最高を誇っている。現在は、畑となっているが曲輪を形成する石垣は見事に残されている。御殿の北側には井戸が残り、発掘調査により御殿への階段や排水路・布基礎を持つ土蔵建物跡が確認された。絵図では、陣屋の北側高台に火薬庫が見られる。石垣は、大手口や搦手口などが切込ハギで、石材間の合わせが見事である。この切込ハギとなる石垣が築造期のもので、他は地震等による崩落後の修復を得た石垣と推定される。明治維新後、小学校用地となり書院が校舎として再利用され続けた。昭和三年（一九二八）、移築された際に外観が変化したが、玄関や骨組みは、その形を踏襲し、内部も当時の姿を伝えている。小島陣屋は、江戸時代中期における一万石の大名陣屋のあり方と構造を今に伝える貴重な陣屋で、平成十八年国指定史跡となった。

宝暦八年（一七五八）、九代将軍家重の小姓として従えていた田沼意次は、遠江国榛原郡などで一万石を領し大名に列した。明和四年（一七六七）には、将軍家治より城主格に列せられ、築城を許され、翌五年、駿河湾に注ぐ萩間川の河口に近い海岸低地に築城工事を起こした。相良城は、北東を鍵の手に曲がりながら流れる萩間川にほぼ接する形で本丸が置かれ、西から北面にかけて二の丸・荒神曲輪を配し、萩間川から水を引き込み水堀で囲い込んだ。その外側の南から東に三の丸・馬場を設け、大外を水堀が取り囲んでいた。本丸北東隅の東門脇に三重櫓、南東隅に二重櫓、中央に政庁となる御殿が置かれた。本丸北面が萩間川の攻撃斜面にあたるため、前面に馬場と荒神曲輪とを接続する通路上の防波堤が築かれた。三の丸南東隅にも二重櫓、東側城下側が大手口で、内桝形となり櫓門が築かれた。石垣は、櫓・門周辺のみで、他は土居造りが基本となる。城内に築かれた櫓は、三重櫓を含め六基、城域は東西五〇〇メートル、南北四五〇メートルで約七万坪もの面積であった。築城工事は長期に及び、明和七年に石垣及び堀、安永六～七年（一七七七～八）に大手門及び櫓、翌年本丸御殿の棟上げ、完成は同九年のことであった。天明六年（一七八六）家治が没し、松平定信が老中になると失脚。家督を継いでいた嫡孫・意明は陸奥下村へと転封され、城は廃城となり、同八年に徹底的に破却された。文政六年（一八二三）田沼意正が再度移封され、二の丸跡に陣屋を築く。現在城跡は、学校や市役所等が建ち、城の面影を伝える史料館が建っている。

安永六年（一七七七）、水野忠友が三河大浜藩より二万石で沼津に転封。幕命を受けて、沼津に築城工事を起こした。沼津の地には、三枚橋城が構えられていたが、慶長十八年大久保忠佐死

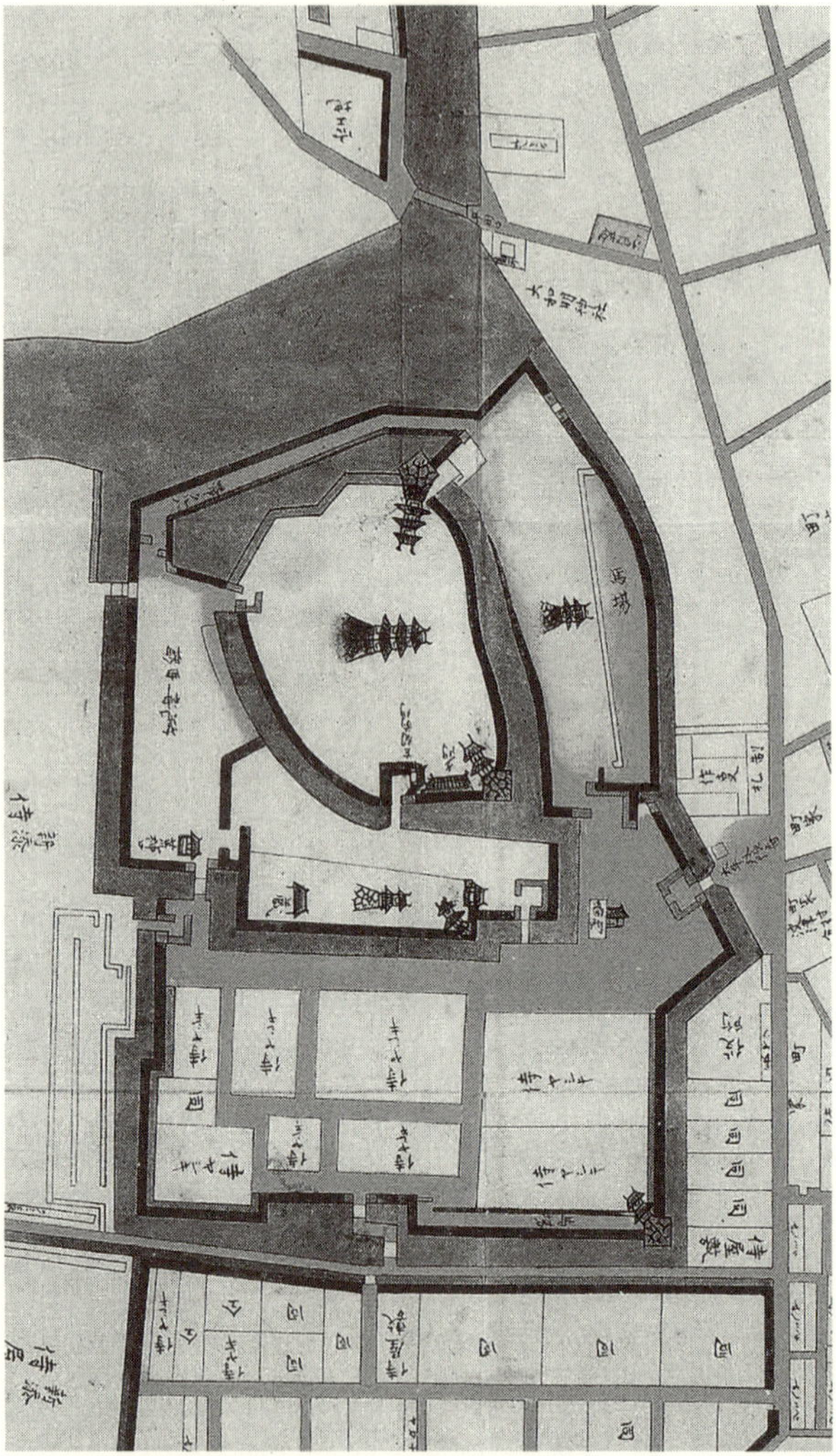

第31図　遠江國相良閣（部分）（聖心女子大学蔵）

去により大久保家は断絶、翌年城は廃城となった。沼津城は、狩野川西岸に築かれた三枚橋城の跡地を利用し築かれたが、現在は市街地化が進み、城の遺構は全く残されていない。残された絵図等から、本丸を扇の要の位置に配し、それを二の丸、三の丸が取り囲む構造で、三の丸西虎口外側には、丸馬出が配されていた。本丸北西隅に三重櫓、東側に二重櫓、本丸南西隅・二の丸南西隅・三の丸南東隅にそれぞれ櫓門が構えられ、御殿は二の丸に置かれていた。天保三年（一八三二）に二重櫓完成との記録も残り、築城工事が長く続いたことを伝えている。二代藩主・忠成は、将軍家斉時の老中で、賄賂を横行させた人物としても有名である。六代藩主・忠寛は、井伊直弼に同調し、側用人として権勢を奮った。

以上、江戸時代中期に成立した藩の城をまとめてみたが、小島陣屋を除けば、市街化によってほとんど姿を消している。その中で、小島陣屋がその姿をほぼ伝えているのは、極めて貴重な事例である。静岡だけでなく、全国的に見ても陣屋遺構として一級史料となっている。

家紋瓦の使用

駿河・遠江諸城の屋根が、家紋瓦によって飾られるようになる時期は、ほぼ同一年代を示している。浜松城は、一六四四～七八年にかけて在城した太田時代、掛川城は、一六四九～五八年の期間在城した北条時代、横須賀城は、一六四五～八二年まで在城した本多時代ということになる。浜松城において家紋瓦を使用した井上氏は、一六二三～四五年まで二十二年間に渡って横須

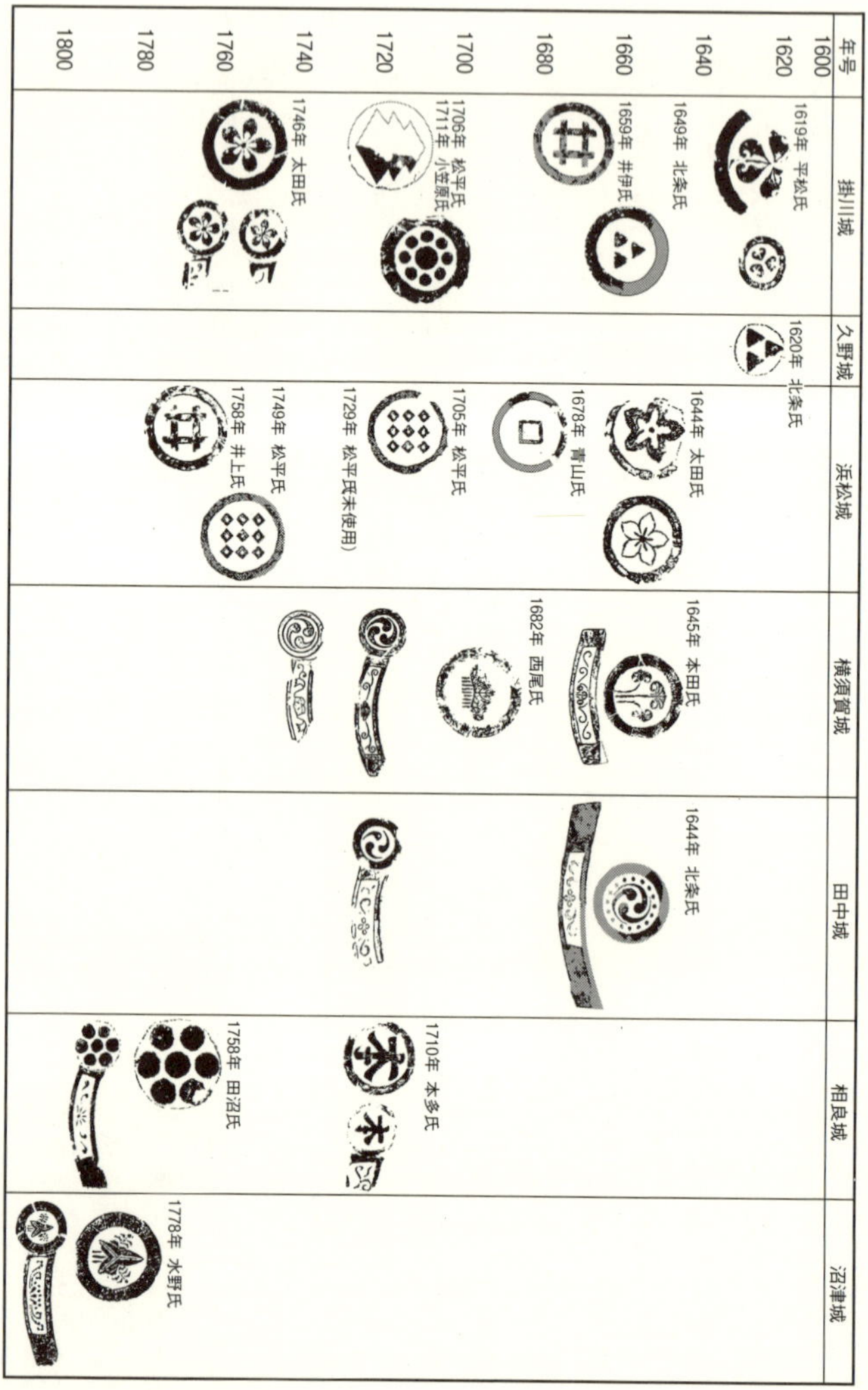

第32図　県内出土家紋瓦一覧

賀城主として在城しているが、家紋瓦の使用は認められない。また、一六四四年廃城となる久野城には、北条氏重が入封している（一六一六〜四〇年まで）。氏重は、掛川城において家紋瓦を使用しているが、久野城では確認されない。わずかに、棟込瓦に家紋が認められるため、氏重在城時代に、家紋瓦の萌芽があったとも推定されよう。これら諸状況から類推すると、駿河・遠江各城郭に家紋瓦が使用され始めるのは、正保〜慶安年間（一六四四〜五一）ということになる。少なくとも、現段階では元和〜寛永年間（一六一五〜四四）に遡る家紋瓦は認められない。全国では、すでに元和〜寛永年間から、徳川譜代の中で家紋瓦を使用する城郭が出現しており、駿河・遠江は四分の一世紀程遅れての導入ということになる。

家紋瓦使用者と使用城郭の関係を見ると、駿河・遠江国内での転封でおさまっている大名でも、全ての城で家紋瓦を使用しているわけではない。掛川城で家紋瓦を使用した北条氏重、横須賀城で使用した西尾忠成、浜松・掛川両城で使用している太田氏の三氏は、いずれも田中城主を歴任しているが、どの大名も家紋瓦を使用していない。特に、西尾氏は三〇年間、太田氏は二〇年間という長い年月の間城主を務めているにも関わらずである。この間、城の改修や修築をしなかったということはあるまい。田中城のみ石高が低いということはなく、太田氏は五万石で入封している。田中城のみ使用されない理由は、駿河・遠江の他の諸城の状況から判断するしかあるまい。他の城の状況を見ると、いずれの城も屋根瓦の葺き替えにあたって、大量に新しい家紋瓦を使用したとは考えにくい。城内でも、天守や主要な櫓や門に限って使用したと推定される。横須賀城の本丸下櫓門の発掘状況等では、外から見える正面屋根のみ城主の家紋瓦とし、通常死角となる両脇や裏側の屋根については、従来通りの三巴文や、前城主の家紋瓦をそのまま使用した可能性が指摘される。言うなれば、見える部分のみの使用ということになり、家紋瓦は、自らの城主としての地位や家の家格を示すために使用したとも考えられるのである。

駿河・遠江における家紋瓦の使用開始が、正保〜慶安年間という状況を示し、この間に両国内に所在する城が次々と改修を実施したことになる。元和元年（一六一五）に発布された武家諸法度の中に「諸国居城修補を為すと雖も必ず言上すべし、況や新儀の構営堅く停止せしむる事」と定められた。これにより、大名が居城を修復する場合には、事前の幕府への届出が義務付けられ、将軍の裁可を持って着工許可という極めて厳しい規定が生まれたことになる。新規築城は当然だが、既存の城についても修復以外の新たな工事が一切禁止されたことになり、城の増築や拡張はほとんど認められないということにもなった。だが、幕府は戦略的な都合による新規築城や増築を伴う大改修も許可しており、一律禁止という内容とも受け取れない。言うなれば、幕府の都合で城郭統制が実施されるようになったということになろうか。こうした規制の最中、駿河・遠江国内の諸城が一斉に改修を許されている背景には、やはり幕府の都合が働いたとするのが妥当であろう。では、幕府の都合というのは何であったのかを考えてみたい。正保〜慶安年間に家紋瓦葺き替えを伴う改修が実施されたのは、浜松城・横須賀城・掛川城の三城になる。田中城、駿府城の改修については、判然としないが、家紋瓦の出土が見られないため、家紋瓦葺き替えに伴う改修は未実施と判断される。久野城については、正保元年に廃城になっているため、すでに改修等の必要性は存在しない。これらの状況から、幕府の都合を推定するしかない。久野城の廃城であるが、遠江諸城の改修が推定される年代に前後して城としての機能を停止することになったわけだが、なぜこの年代が選択されたのかである。久野城の戦略的地位は、豊臣家の滅亡とともに著しく低下し、さらに石高も極めて低い。戦国期からこの地域を支配し続けた久野氏は、元和五年に伊勢田丸城へと転封する。この年こそが、廃城とするに最も相応しい年と考えられないだろうか。仮に戦略的地位が低下したとしても、政治上の必要性があるならば、そのまま存続させるはずだが、わずか二〇年程で横須賀藩の預かりとなり、その四年後に廃城となっている。なぜ、存続させたかは推定の域を出ないが、久野氏転封に伴い城主となった北条氏重の登用であった可能性が高い。氏重は保科正直の四男で、母の多却は徳川家康の異父妹となる。北条氏勝の養子となり、後北条氏の名跡を継ぐことで一万石を得た。元和二年に日光東照宮の普請をし、同四年から翌年まで伏見の城番を務めた後、久野一万石に移封されることになる。遠江、駿河での業績を評価され、一万石を加増され下総関宿二万石へ、その後駿河田中二万五千石に、最終的には掛川三万石を領すことになる。久野城主となった後の氏重は、移封の度に石高を増やしていくのである。久野城の存続は、氏重の登用のための可能性が、極めて高いと言えよう。このように、氏重登用というねらいも見え隠れはするが、それのみで久野城存続が決定したわけでもあるまい。久野城廃城と相前後して、遠江・駿河諸城に家紋瓦が採用されるということが重要なポイントになる。また、田中城、駿府城における家紋瓦の不採用も考慮しなければならない。併せて、家紋瓦の使用が浜松城、横須賀城、掛川城の三城であったことにも注目したい。

寛永九年（一六三二）、二代将軍秀忠が死去し、政治の実権は三代家光へと移る。だが、この時点では家光の権威が定着していたわけではない。当初期の家光政権を支えたのは、酒井忠世、土井利勝等の秀忠時代の年寄達であった。家光は、寛永十一～十三年にわたって、日光東照宮（当時は、東照社）の大造営を実施し、家康の権威を高めることで、徳川将軍家の正当性を確固たるものとし、自らの支配力をも浸透させようとしたのである。日光造営が終了すると、建築後わずか十四年しかたっていない江戸城天守を解体し、同十五年に新天守を竣工させる。ここに日本建築史上最大規模の天守が出現したのである。こうして、見える部分での権威付けを実施しながら、寛永十二年には「武家諸法度」を改正、外様大名の江戸への参勤を制度化している。同十九年には譜代大名にも参勤交代を命ずる。この間、島原・天草一揆を鎮圧、鎖国を完成させるなど、家光の将軍としての権威が高まっていった。おりしも、この時期、関ヶ原合戦経験者は相次いで死去し、一気に世代交代が進むことになる。家光は、東照大権現家康の権威を最大限に利用して、先例と家柄の支配する世を完成させたのである。

この家康の神格化を含む権威付けと共に、家康本領の三河・駿河・遠江からの豊臣色の一掃が計られたのではないだろうか。参勤交代による江戸と本国との行き来により、東海道を中心とする交通網は急速に発展し、街道の整備も一気に進むことになる。この参勤交代による東海道の往来で、諸大名たちは街道筋に位置する城郭を目の当たりにすることになる。神格化を進めた神君家康の本領に、豊臣系大名が築いた天守や櫓・城門が半世紀たっても何ら変化なく建っているとこそが問題だったのである。そこで、幕府は東海道沿いの城郭の一斉改修を命じたのであろう。それは、当然シンボルとなる天守と街道に面した部分の櫓・城門を中心に実施されることになったと考えられる。いわゆる、城郭統制下ではあるが、幕府サイドの都合によって実施された改修であったがために、ほぼ時を同じくしたのである。久野城の廃城もこの一連の出来事の中で考えられる。平成十八年度の発掘調査によって、北条時代の本丸部分の大規模な造成と大手周辺域の堀の埋め立てと曲輪造成が確認され、本丸部分の建物撤去に併せ大手周辺の機能拡充が実施されたことが確実となってきた。言うなれば、豊臣色の強い天守の撤去があったということになろう。おりしも、その年代は参勤交代の開始に極めて近い年代を示している。また、浜松城天守は堀尾時代に築かれてはいるが、正保城絵図には、天守台のみ描かれ、すでに失われていたことが判明する。これもまた撤去をにおわせる。家康旧領において、正保〜慶安年間時点で、豊臣のシンボルとなる天守もしくは櫓等の存在が推定される城は、岡崎城、吉田城、浜松城（天守以外の櫓群や城門の存在）、横須賀城、掛川城である。田中城は、豊臣系大名によって、瓦葺建物や天守は持ち込まれていない。駿府城も家康の隠居城築城の時点で、中村駿府城は大きく姿を変えたことになる。正保〜慶安年間までに、家紋瓦が採用された城は、豊臣のシンボルが残る可能性が高い岡崎城、吉田城、浜松城、横須賀城、掛川城の五城で、豊臣色の存在しない田中城、駿府城の二城では家紋瓦は採用されていない。田中城、駿府城で家紋瓦が採用されなかったのは、豊臣色の無い城だったと考えるのが最も妥当なのである。これらの事例から、遠江・駿河における家紋瓦の採用は、極めて政治的背景をもった出来事として捉えられる。江戸幕府が安定期を迎えようとした時期の家紋瓦は、政治的な役割を持つ特殊な瓦だったと結論づけられよう。

遠江・駿河両国の城は、天正十八年の徳川家康の関東移封に伴い入封した豊臣系武将たちによって大改修が実施された。家康を関東に封じ込めるために、また豊臣政権の威信を示すために瓦葺き建物を導入するなど、当時最新の城を築きあげたのである。江戸に開府した徳川政権が安定化し長期政権となるに及び、攻守は逆転、今度は幕府がその威信を守るために、豊臣色の一掃をねらう改修を実施したのである。いわゆる家光政権下の遠江・駿河内の居城の改修は、軍事的増強をねらったものではなく、幕府の威信を見せつけるための改修であった。久野城の廃城、浜松城天守の撤去、そして豊臣系城郭の瓦の葺き替えは、豊臣大坂城を完全に埋め殺し、その上に徳川大坂城を築きあげたと同様の効果をねらった政策であった。徳川政権にとって、都から江戸の間の東海道に面した所領が、いかに大事であったかを家紋瓦が示している。

自然災害による被害

静岡で起こった自然災害は数多く多彩である。最も甚大な被害を及ぼしたのが、地震に伴う災害である。江戸時代を通じて判明している城郭被害の状況について見ておきたい。

「御天守台石垣芝土手崩所絵図」嘉永４年（1851）（掛川市蔵）

貞享遠江・三河地震（貞享三年＝一六八六）、渥美半島沖の遠州灘で発生したマグニチュード六・五～七と推定される地震で、横須賀城が大きな被害を受けた。「遠州横須賀城破損之覚」によると、本城（本丸）の石垣が高さ二間・幅三間余が孕み出でその後に崩壊、二曲輪（二の丸）の石垣が高さ二間・幅九間が孕み出したほか、石垣数ヵ所が高さ一間余～二間・幅三～四間が崩壊、三曲輪（三の丸）では櫓が傾いて破損、石垣は高さ二間・幅二～九間が孕み出て崩壊、西曲輪（西の丸）では高さ七尺・幅十七間にわたって孕み出し、惣曲輪の石垣は高さ二尺余・幅三五間が孕み出てその後崩落するなど、石垣の多くが甚大な被害をこうむった。

宝永地震（宝永四年＝一七〇七）は、紀伊・四国沖と遠州灘沖の二連動地震でマグニチュード八・四と推定。駿府城内の米蔵の大破をはじめ、蔵や門が潰れ、石垣が崩れる被害があった。掛川城では、天守が大破したほか、二重櫓・櫓門・塀・土蔵・居屋敷共に相当な被害を受け、侍屋敷の倒壊一一四軒、破損一二四軒、足軽屋敷三八軒倒壊、三七軒が破損している。横須賀城では、本丸・二の丸・櫓門・塀・石垣・土居の所々が大破し、侍屋敷一三〇軒大破、足軽屋敷九八軒が大破するだけでなく、横須賀湊口が隆起により塞がり、横須賀城まで入り込んでいた入江の地底が隆起し丘となり、沼地と化した。浜松城では、本丸・二の丸・三の丸が全壊ではないものの激しく破損し、追手門・櫓・門・土蔵等が多数破損している。城主の松平資俊は、被害が甚大であったため、御救米一三七四俵を放出したとの記録が見られる。

安政東海地震（嘉永七年＝一八五四）は、遠州灘の御前崎沖を震源とする地震で、マグニチュード八・四と推定。掛川城では、天守台石垣が一ヵ所崩壊し天守が半壊、櫓が五ヵ所、門・多門が十三ヵ所、囲握数ヵ所が潰れたほか二の丸御殿も倒壊している。沼津城では、大手門の左右の石垣をはじめ本丸門の左右の土居、二重櫓土居、二の丸門の土居、三の丸門の土居等、城内のいたるところで激しい被害を受けている。駿府城は、諸門、櫓、多門、土蔵がことごとく倒壊し、石垣も大部分が崩壊。櫓、多門は復興出来ないまま維新をむかえている。

以上、地震被害が判明している城のみ抜き出したが、この他多数の被害があったことは間違いない。地震被害により、県内の城郭は何度となく改修を繰り返し、幕末まで存続したのである。

第八章
明治以降の城の変化

復元整備された高根城

明治維新と静岡

明治元年（一八六八）新政府は、徳川家の家名存続を認め、徳川亀之助（家達《いえさと》）を徳川家の後嗣として駿府七〇万石を与えた。家達は、三の丸の元城代屋敷を居館としたが、静岡藩知事になると新宮兵部の屋敷に移転し、城代屋敷は政事庁と改称された。同二年、二の丸冠木門取り壊し、二の丸金蔵一棟が焼失している。同五年、三の丸深草門、三の丸大手門以下の諸門、二の丸金蔵・板蔵、外郭の板蔵・米蔵当が払い下げられた。同九年、唯一城内に残されていた二の丸黒鉄門（東門）と門前の橋が払い下げにより取り壊され、城のすべての建物が失われたのである。同二十九年、二の丸以内が軍隊の駐屯地となり、兵営建設のため天守台・本丸石垣・内堀が破壊された。

沼津城は駿河藩領となり、藩主水野忠敬《ただのり》は上総菊間に転封。旧幕府陸軍の幹部が移住し、徳川兵学校（後に沼津兵学校）を開校した。同三年、武器庫に使用していた二重櫓が爆発焼失してしまう。同五年、三重櫓以下の建物が払い下げられ、城内の建物すべてが取り壊された。同二十二年、東海道沼津駅の設置により、城内を東西に分断して道路を建設するため、堀や石垣・土塁が破壊された。

小島陣屋は駿河藩領となり、城主松平信敏は上総桜井に転封。明治二年、小島奉行（後に勤番組）が置かれたが、同五年旧静岡藩士らが陣屋の土地・建物の無償交付を受け、同七年包蒙舎を陣屋内に開校した。同二十五年小島尋常小学校（現小島小学校）と改称した。相良陣屋も駿河藩領となり、城主田沼意尊《おきたか》は上総小久保に転封。明治二年奉行（後に勤番組）が置かれたが、同五年陣屋建物を校舎として相良学校（現相良小学校）が開校された。

田中城も駿河藩領となり、城主本多正訥《まさもり》は、安房長尾に転封。明治二年、田中奉行（後に勤番組）が置かれた。同五年頃、建物の払い下げが行われ取り壊される。同六年養正舎（現西益津小学校）を本丸に移転した。残された二の丸御殿は、学校校舎として利用され、同三十六年志太郡立農学校（現藤枝北高校）を開校したが、同四十一年移転により建物は取り壊された。この時、玄関のみ学校と共に移築されている。

掛川城も同様に駿河藩領となり、城主太田資美《すけよし》は上総芝山に転封。明治二年奉行（後に勤番組）が置かれ、二の丸御殿は勤番組事務所及び兵学校の寮として利用された。同五年、二の丸御殿を除く建物の大部分が払い下げにより取り壊された。同六年二の丸御殿に掛川学校開校。同三十三年掛川中学校（現掛川西高校）を中の丸および内曲輪等に建築するため、中堀等が埋め立てられた。同三十年代に、竹の丸に松本邸が建設され、同四十四年大日本報徳社が下台所に設立された。

横須賀城も駿河藩領となり、城主西尾忠篤は安房花房に転封。明治二年奉行（後に勤番組）が置かれた。同六年天守・大手門等の建物だけでなく、城内の立木・石垣までもが民間に払い下げられ、城内から全ての建物が失われてしまった。

浜松城も駿河藩領となり、城主井上正直は上総鶴舞に転封。明治二年奉行（後に勤番組）が置かれたが、同四年に浜松県が発足する。翌五年建物はすべて払い下げられ取り壊されてしまった。同六年城の地所、立木の払い下げを実施しようとしたが、城地には士族の住宅が建ち、開墾も行われており、反対され断念。第二大学区第一番中学区第一番小学校（後の浜松元城尋常高等小学校）を新築移転した。同十九年引馬古城跡に徳川家康を祀る東照宮が建立された。

明治維新の混乱に乗じて、堀江藩主大沢基寿《もとすみ》は、知行地三五〇〇石に過ぎなかったが、浜名湖の埋め立て予定地を含めると一万六石と虚偽の報告を行い、華族に列し堀江藩を公称した。だが、知行地の再調査により、開墾見込地が湖上と発覚し、基寿は華族から除籍され禁錮一年に処せられてしまう。同四年浜松県に合併され、堀江藩は消滅する。陣屋は同十三年、競売にかけられ、政治的判断によりすべて藩外に移されている。

静岡県の特殊事例として、旗本領や天領が多いということと、藩はすべて譜代小藩で頻繁に藩主交代が行われたことが挙げられる。そのため、浜松城のように通算五名の老中を輩出し、幕閣への登竜門として「出世城」と呼ばれたりしている。田沼意次が良い例であるが、県内諸藩に任じられた藩主のほとんどが領内に居住することは少なく、領民との結びつきが希薄であった。熊本県民が、清正公と今も親しみを持って崇めたり、石川県が加賀百万石前田氏の城下町と誇りを持って呼ぶほどの藩主との結びつきがなかったのである。そのため、浜松城も駿府城も家康の城であり、掛川城は山内一豊の城ということになってしまう。静岡県には、江戸時代三〇〇年を通じて、「おらが殿様」と呼べる藩主は、一人も存在しないのである。

城跡の現況と保存・整備

現在、静岡県内には国指定史跡となっている城が九城存在する。南北朝期の城が一城、中世城郭が六城、近世城郭が二城である。県指定史跡は四城で、いずれも中世城郭となる。重要文化財指定の建造物が二棟で、掛川城二の丸御殿、油山寺山門（旧掛川城玄関下門）と、共に掛川城の遺構である。

昭和九年（一九三四）に史跡指定された山中城は、後北条氏が迫り来る豊臣軍に備え、大改修を施した城で、北条氏の持つ先端技術を駆使した土造りの城の完成した姿を留めている。昭和四十八年より発掘調査及び整備が行われ、北条氏特有の堀障子が見事な姿で整備されている。また、曲輪間を繋ぐ木橋も復元されており、当時の曲輪間を繋ぐ構造が判明する。整備年時が古いだけに、植栽による整備が多く、あまりに樹木が大きく育ち、遺構を隠してしまっているのが残念である。

三岳城（昭和十九年指定）は、南北朝期の南朝方の拠点として文献等に登場する。山頂本曲輪からの眺望は開け、浜名湖及び浜松市街が一望される。現在の城跡は、戦国期に大きな改修を受けており、南北朝期の遺構は認められない。山の持つ自然の要害地形をフルに活用するのが南北朝期の特徴であるため、山そのものが城として理解される。山麓、三岳神社から遊歩道があり、途中急坂もあるが、比較的整備され登りやすい。

諏訪原城（昭和五十年指定、平成十四年追加指定）は、南北約五八〇メートル、東西約一四五〇メートル、約一一万三千平方メートルに及ぶ広大な城である。一九八三年より大手曲輪において三度の発掘調査が実施され、絵図と同様の大手馬出の存在が明らかとなった。また、二〇〇四年より整備に伴う確認調査が実施され、現在の遺構が徳川氏による大改修の結果という可能性が高まっている。現在、二の曲輪北馬出を中心に整備計画が検討されている。

整備された横須賀城天守台

高天神城（昭和五十年指定）は、武田勝頼によって奪取された後、堂の尾曲輪を中心に大改修が施され、今ある姿が完成を見た。天正期における武田氏の築城術を伝える貴重な城である。堂の尾曲輪では、西側斜面に対する防備として横堀が築かれ、その規模や構造が判明した。また、曲輪間を区切る堀切には木橋が架けられていたこと等も解ってきた。東の城では、石敷の礎石建物や、虎口遺構、斜面中腹に設けられた城道などが確認され、城内の構造が徐々に判明しつつある。現在発掘調査等は休止中だが、再開により、当時の城郭構造が判明することが期待される。

横須賀城（昭和五十六年指定）は、豊臣系大名渡瀬繁詮によって近世化された城で、江戸期に東西に大きく拡張された。発掘調査により、玉石（河原石）を石材とした石垣が確認され、本丸周囲で整備復元されている。天守台は、北側半分を土塁の上に掛けた特異な建物で、礎石列と規模が平面表示されている。現在、松尾山の整備が継続中である。二の丸・三の丸の建物も撤去され、今後さらなる整備が計画されている。

長浜城（昭和六十三年指定）は、北条氏が駿河湾を押さえるための水軍基地として築いた城で、北条水軍の城として貴重である。発掘調査が実施され、岩盤を掘削した堀障子や、建物跡門等城内の建物も検出されている。崩落しやすい斜面にあるため、崩落防止工事を進めつつ、整備が継続されている。東対岸から見ると、内浦湾に突出した城の立地が解りやすく、外海からの波を避けて船溜まりを設けていた様子が見て取れる。

興国寺城（平成七年指定）は、武田・北条両氏が争奪を繰り広げた境目の城で、江戸時代前期まで存続した。数次に渡る現在も継続中の発掘調査によって、武田期の城の姿やその後の改修方法等も判明しつつあり、城がどのような過程を得て整備されたかが判明してきた。本丸南虎口で礎石城門が検出され、関ヶ原合戦以降に入封した天野康景がかなりの改修を施していることも解ってきている。

横地城跡は、平成十六年に史跡指定された菊川城館遺跡群を構成する横地氏城館郡の中心城郭で、十五世紀代の有力国人領主の城のあり方を伝える貴重な城である。一部、戦国期に徳川氏の改修を受けたと推定される部分も残るが、自然地形を巧みに取り込んだ城跡の様子を良く伝えている。東西四〇〇メートル、南北四五〇メートルの規模を持つ広大な城でもある。

小島陣屋（平成十八年指定）は、一般の陣屋と異なり、表門が桝形となり城郭を彷彿させる石垣や、建物遺構等も良好に残されている。発掘調査も実施され、御殿への入口構造が判明、布基礎を持つ土蔵建物等が確認されている。石垣は、当初期と推定される切込ハギの石垣や地震による積直しと考えられる石垣も存在する。今後、石垣構築の変遷や陣屋の構造把握と共に、全国でも数少ない城郭構造を持つ陣屋として、どのように整備・公開していくかが大きな課題である。

深沢城は、昭和三十五年に県指定史跡となった戦国期の「境目の城」で、自然の河川を巧みに取り込み、曲輪間に馬出や堀切を配した城で、現在も巨大な空堀等が見事に残存している。城址からは富士山の雄姿も望まれ、駿河・甲斐・相模の国境の要衝であったことが実感される。武田信玄の降伏勧告「深沢城矢文」でも著名な城である。

千頭峯城は、昭和五十六年に県史跡に指定された。文献上では、南北朝期に南朝方の拠点の一つとして、三岳城・大平城と共に記録に登場する。現在の遺構は戦国期のもので、徳川対武田による遠江争奪戦に際し、徳川方の手によって築かれた城と考えられる。土塁で囲まれた曲輪の存在や、尾根筋を遮断する堀切の配置など、永禄後半から元亀年間の徳川の築城法を知る貴重な城である。現在、摩訶耶寺《まかやじ》から登るルートと背後の道路脇の駐車場からの二ルートが整備されてい

勝間田城の整備状況

る。なお、城跡の南から本曲輪へ直登するルートは、現代のもので当時のルートではない。

勝間田城は、昭和五十八年に県指定史跡となった戦国期の城跡である。国指定史跡となった横地城の横地氏と同族で、勝間田氏の居城でもある。発掘調査が実施され、礎石建物や掘立柱建物が平面表示されるなどの整備が実施されている。城は南北に連なる尾根筋に築かれているが、二の曲輪南側に設けられた堀切を境に、まるで様相が異なる。南側は自然地形を巧みに取り込みいくつかの小曲輪によって構成されているが、北側は土塁囲みの巨大な連続する二曲輪のみである。北側が、武田方の城攻めのために徳川氏によって改修されたと考えられる。城の北東山麓部に駐車場が設けられており、城へのルートは整備されている。

犬居城は、昭和六〇年に県指定史跡となった北遠の雄・天野氏の居城である。天野氏は、今川政権が衰退の兆しを見せると、武田氏に接近、武田方となっている。犬居城は、武田方となって以降大規模な改修が実施されており、馬出や横堀等武田氏が多用する遺構が見られる。曲輪その

掛川城二の丸御殿全景

ものは多くはないが、巨大な土塁と、圧倒的な規模の竪堀、横堀が残されている。物見曲輪に建つ物見台からの眼下の居館推定地が見下ろせ、気田川の雄大な流れも一望される。城址入口付近に駐車可能な小スペースがあり、登城ルートは整備されている。

県内の城郭建造物は、明治維新に大部分が取り壊され、ほとんど残されていない。唯一、現位置を保っているのが、掛川城二の丸御殿で国の重要文化財に指定されている。嘉永七年（一八五四）の地震で倒壊したため、文久元年（一八六一）に再建されたものである。書院造りの御殿は、城主の居室と政庁を併せたもので、現存する御殿は、二条城（京都市）・川越城（川越市）・高知城（高知市）を併せ四例しかない。また、廃城後掛川城から油山寺（袋井市）に払い下げられ山門として現存する櫓門は、万治二年（一六五九）に建造された玄関下門で、県内唯一の櫓門で重要文化財に指定されている。以上が、県内で国及び県指定となる城郭遺構である。

県内で、指定物件ではないが整備・復元されている城は多い。昭和三十三年（一九五八）、天守復

油山寺に移築現存する掛川城玄関下門

浜松城復興天守

元ブームの中、浜松城天守が復興された。建築予算の関係で天守台の表側半分のみしか使用されず、かなり規模は小さく復興されたことになる。浜松城では、浜松城公園内の整備計画が進められており、現在天守門の復元計画が進行中で、早ければ今年度中に復元工事が開始される可能性がある。平成六年、木造復元されたのが掛川城天守で、絵図や発掘成果、山内一豊の転封先の高知城天守が参考にされた。併せて、大手門が位置を北に五〇メートル程ずらして復元。廃城後、民家として使用されていた番所も移築整備された。本来天守が存在しなかった小山城には、昭和六十二年（一九八七）に三の丸に犬山城天守をモデルに模擬天守「展望

模擬天守として建てられた展望台小山城

台小山城」が建てられた。他にも模擬門や、発掘調査では確認されなかったが絵図等に見られる三日月堀と馬出が整備された。駿府城では、駿府公園再整備事業の一環として「御城内外覚書」などの古文書資料や発掘成果を基に、平成元年（一九八九）に二の丸巽櫓、同八年に接続する東御門が木造で復元され、かつての雄姿の一部が甦った。現在、二の丸南東隅の坤櫓が復元に向け、動きだした所である。中世山城の整備復元も行われている。平成十三年、高根城では井楼櫓・城門四基・礎石建物・柵列等が発掘成果を基に木造復元された。土塁や堀切、城内道も復元され、戦国山城の姿を知るうえで格好の事例となっている。平成八年、江戸時代後期田中藩主であった本多家の下屋敷の一部が、発掘成果に基づいて復元整備され、廃城後に市内に移築されていた旧城内施設などが集められ、史跡田

撰要寺に移築現存する横須賀城不明門

中城下屋敷として公開されている。主な移築建造物は、旧本丸櫓（御亭）・茶室・厩を伴った仲間部屋などである。

最後に、維新後に払い下げられ移築現存する城郭建物について触れておきたい。確実なものもあれば、伝承のものも含まれることをお断りしておきたい。

掛川城太鼓櫓は、昭和二十九年（一九五四）に三の丸から荒和布《あらめ》櫓のあった現在地に改築の上移築された。掛川城蕗門《ふきのもん》は、三の丸（旧二の丸）の東側、内堀脇の東南隅にあった門で、廃城後市内円満寺に払い下げられ山門とされている。

横須賀城の不明門《あかずのもん》が、市内撰要寺山門として移築現存する。また、伝・搦手門が市内本願寺山門として移築現存。安政三年（一八五六）頃、城の南出入口に城内の出入を監視する目的で建てられた番所が、大須賀市役所の入口に、昭和五十一年民家から移築された。なお、大手門が普門寺に移築現存していたが、昭和十九年の東南海地震で倒壊している。

沼津城の中庭門が、明治三年払い下げにより、市内光長寺辻の坊山門として移築現存。

深沢城の伝・大手門が、市内大雲院の山門に移築現存する。また、門の所在は不明だが、伝・深沢城城門が小山町の十輪寺山門として移築されている。

小島陣屋の書院は、廃城後も小学校等として利用され続け、現在小島陣屋資料館に利用され、現存している。外観は変わったが、内部は往時の様子を良く残す建築である。

堀江陣屋の表門が、明治十五年払い下げられ、湖西市の法泉寺山門として現存する。

静岡県内の城の遺構ではないが、吉田城（豊橋市）の大手門と伝わる高麗門が湖西市の本興寺惣門として移築されている。この門は、延宝二年（一六七四）に寄進されたという。高麗門であることから、城の門の可能性は高く、大手二の門（桝形を形成する櫓門の前面に位置する門）とするなら、全く問題は無いと考える。以上、県内には、城外に移築された門が八基、その他建物二基が移築現存し、往時の建物を伝えている。

本興寺の惣門

あとがき

二〇〇九年に『静岡の山城ベスト50を歩く』を刊行した直後から、静岡県内の城をまとめた通史の必要性を強く感じていた。個別の城については、いくつかまとめたものが散見されるし、浜松城、駿府城、掛川城等の建物が復元・復興された城は、雑誌等でも取り上げられ、紹介されることは多い。だが、静岡県全体を傍観し、城の歴史を中心に時代を追ってまとめた本はほとんど見られない。平成元年に小和田哲男氏がまとめた『静岡県の城物語』（静岡新聞社）が唯一と言っても過言ではない。あれから二〇年以上の歳月が過ぎ、様々な事実が明らかとなってきた今、最新の成果に基づいた静岡の城の通史を一度まとめておかなくてはと感じた次第である。時代を追って、城がどのように変化してきたのか、また各地で実施されてきた発掘調査成果から何が解ってきたのか、現時点で判明する最新の成果をまとめたのが本書である。

静岡県は、東の鎌倉・江戸と西の京都との中間点に位置し、政治面・文化面からも、双方の影響を受けてきた。もともと、遠江・駿河・伊豆という三ヵ国がまとまって静岡県という一つの県となっているが、天竜川、大井川、安倍川、富士川という大河の流れによって分断された地域間では、風習や方言までも異なる場合がある。戦国期には、伊豆を北条氏、駿河を今川氏、遠江を徳川氏が領有し、北から武田氏が侵入を繰り返すという歴史があった。そのため、県内には、北条・今川・徳川・武田各氏が地域支配のために築いた城や、領国境を固める目的を持って築いた城が存在する。おもしろいのは、北条の城を奪取した武田氏が改修を施したり、逆に武田氏の城を北条氏が改修したりと、それぞれが独自の技術を持って同一の城の築城に携わっているということである。城の争奪が繰り返された戦国後期になると、各氏が他氏の築城術の長所を取り入れていくため、堀の形や虎口の違いによる○○流と呼ばれる程の差異が認められなくなる。城が軍事施設である以上「守りやすく攻め難い」城を追求した結果による事象と捉えられる。その中での差異は、自然の要害地形を巧みに取り入れたための地形的制約による個性なのである。

静岡の城の一大転換期は、天正十八年からの十年間であった。徳川家康が関東へ移封され、豊臣配下の大名が入封したことによって、土造りの城が、石垣・瓦葺建物・天守を持つ近世城郭へと大きく変貌を遂げた。この十年間で、軍事一辺倒であった城が、政治的側面を持ちシンボルとして昇華していった。以後、明治維新までこの時築かれた城がベースとなって存続するのである。

本書をまとめることが出来たのは、発掘調査成果や現地の状況を知らせたり案内してくれたりする県市町村の埋蔵文化財担当者の皆様、そしていつも城の調査・研究・議論を繰り返す織豊期城郭研究会を始めとする仲間がいたからこそである。心より感謝申し上げたい。

最後に、常に適切なアドバイス、督促と、細やかな間合いで励まして下さったサンライズ出版の岩根治美さんに感謝申し上げたい。

参考文献

『徳川家康―その重くて遠き道』小和田哲男編　新人物往来社　一九七八
『日本城郭大系9　静岡・愛知・岐阜』小和田哲男編　新人物往来社　一九七九
『静岡県の中世城館跡』　静岡県教育委員会　一九八一
『増補續史料大成　家忠日記』　竹内理三編　臨川書店　一九八一
『図説　中世城郭事典』村田修三編　新人物往来社　一九八七
『静岡県の城物語』小和田哲男　静岡新聞社　一九八九
『三方ヶ原の戦い』小和田哲男　学習研究社　一九八九
『図説　駿河・伊豆の城』小和田哲男監修　郷土出版社　一九九二
「東海地方における織豊系城郭の屋根瓦」『久野城』Ⅳ　加藤理文　袋井市教育委員会　一九九三
「静岡県における家紋瓦の成立」『静岡県考古学研究』No.25　加藤理文　静岡県考古学会　一九九三
『図説　遠江の城』小和田哲男監修　郷土出版社　一九九四
「浜松城をめぐる諸問題」『地域と考古学』向坂鋼二先生還暦記念論集　加藤理文　一九九四
「豊臣政権下の城郭瓦」『織豊城郭』創刊号　加藤理文　織豊期城郭研究会　一九九四
『浜松城のイメージ』　浜松市博物館　一九九五
『静岡県史　通史編3　近世一』　静岡県　一九九六
『掛川城のすべて』　掛川市教育委員会　一九九六
「石垣の構築と普及―静岡県内の事例から―」『織豊城郭』第3号　加藤理文　織豊期城郭研究会　一九九六
『浜松城跡―考古学的調査の記録』　浜松市教育委員会　一九九六
『史跡　高天神城跡保存管理計画策定報告書』　大東町教育委員会　一九九六
『静岡県史　通史編2　中世』　静岡県　一九九七
「二俣城、鳥羽山城の創築・改修・廃城」『研究紀要』第5号　加藤理文　静岡県埋蔵文化財調査研究所　一九九七
「横須賀城跡出土瓦から見た豊臣政権の城郭瓦」『史跡横須賀城跡史跡等活用特別事業報告書　本丸前・天守台等復元整

備事業』 加藤理文 大須賀町教育委員会 一九九九
『大御所徳川家康の城と町』 静岡市教育委員会 一九九九
『横地城跡総合調査報告書』 菊川町教育委員会 一九九九
『駿府城をめぐる考古学―静岡県における近世城郭の成立―』 静岡県考古学会 一九九九
「家紋瓦の成立と普及」『織豊城郭』第8号 加藤理文 織豊期城郭研究会 二〇〇一
「千頭峯城の再検討」『考古学論文集 東海の路』 加藤理文 東海の路刊行会 二〇〇二
「徳川家康による掛川城包囲網と杉谷城」『東名掛川I・C周辺土地区画整理事業に伴う埋蔵文化財発掘調査報告書I』
加藤理文 掛川市教育委員会 二〇〇二
「遠江・馬伏塚城の再検討」『静岡県埋蔵文化財調査研究所設立二〇周年記念論集』 加藤理文 静岡県埋蔵文化財調査研
究所 二〇〇四
「大平城から見た西遠江の南北朝期山城の実像」『浜北市史 資料編 原始・古代・中世』 松井一明 浜北市教育委員会
二〇〇四
「遠江山城における横堀の出現と展開」『森宏之君追悼城郭論集』 松井一明 織豊期城郭研究会 二〇〇五
『相良城址』 相良町教育委員会 二〇〇五
「静岡県における織豊系城郭の成立について」『東西交流の地域史』 加藤理文 雄山閣 二〇〇七
『蒲原城跡総合調査報告書』 静岡市教育委員会 二〇〇七
「浜名湖北岸の城館跡」『浜松市博物館報』第20号 松井一明 浜松市博物館 二〇〇七
「静岡県下における中世山城以降の画期について」『静岡県考古学研究』No.40 溝口彰啓 静岡県考古学会 二〇〇八
『小長谷城址』 川根本町教育委員会 二〇〇八
『静岡の山城ベスト五〇を歩く』 加藤理文・中井均編 サンライズ出版 二〇〇九
『静岡県における戦国山城』 静岡県考古学会 二〇一〇
『浜松の城と合戦 三方ヶ原合戦の検証と遠江の城』 城郭遺産による街づくり協議会編 サンライズ出版 二〇一〇
『国指定史跡 諏訪原城跡整備基本計画』 島田市教育委員会 二〇一一

著者略歴

加藤　理文（かとう　まさふみ）

1958年静岡県水窪町生まれ

1982年駒澤大学文学部歴史学科卒業

静岡県教育委員会を経て、現在磐田市立磐田第一中学校教諭

主な著作

『城郭探検倶楽部』（共著）新人物往来社　2003年

『静岡の山城ベスト50を歩く』（共著）サンライズ出版　2009年

『熊本城を極める』サンライズ出版　2011年

静岡の城 ―研究成果が解き明かす城の県史―

2011年11月19日　初版第1刷発行

著　者　加藤　理文

発行者　岩根　順子

発　行　サンライズ出版株式会社

滋賀県彦根市鳥居本町655-1

〒522-0004　TEL.0749-22-0627

FAX.0749-23-7720

ISBN978-4-88325-460-6 C0021